KB039525

# 하루살이의 고백

|김현희-KAL858기 사건과 이야기|

# 하루살이의 고백

박강성주 지음

|김현희-KAL858기 사건과 이야기|

## 일러두기

1. 이 책은 미국 Rowman & Littlefield 출판사에서 나온 *Tears of Theory: International Relations as Storytelling*을 지은이가 직접 번역한 것입니다.

2. KAL858기 사건, KAL기 사건, 대한항공858기 사건, 대한항공기 사건 등은 모두 1987년 김현희-대한항공858기 실종 사건을 가리킵니다.

3. 남한·남쪽·한국 등은 모두 대한민국을 가리키고, 북한·북쪽 등은 모두 조선민주주의인민공화국을 가리킵니다.

4. 인용문의 경우, 원칙적으로 원문 표기를 그대로 따랐습니다.

5. 외국 인명·대학명·작품명 등은 대체로 외래어표기법에 따르지 않고, 발음에 가깝게 표기했습니다.

# 차례

# 한국어판을 내며
## 하루살이의 소원

이 번역 작업 대부분은 제 인생에서 가장 혼란스럽고 괴로운 때 이루어졌습니다. 감사하다는 말씀, 죄송하다는 말씀을 드려야 할 분들이 많습니다. 원래 이보다 훨씬 앞서 출간될 수 있었지만, 원저 출판이 지연되면서 번역 작업도 늦어졌습니다. 동시에 이 작업은 제가 힘든 시간을 보내는 동안 중심을 잡아주기도 했습니다.

이 책의 출간으로 'KAL858기 3부작'을 완성하게 되었습니다. 무엇보다 방법론 측면에서 그렇습니다. 1부는 『KAL858, 진실에 대한 예의: 김현희 사건과 '분단권력'』(2007)으로, 석사논문을 다듬어 냈습니다. 전형적인 사회과학 글쓰기가 뼈대를 이룹니다. 2부는 『슬픈 쌍둥이의 눈물: 김현희-KAL858기 사건과 국제관계학』(2015)으로 박사논문을 다듬어 낸 책을 번역했습니다. 사회과학 글쓰기에 소설이 섞여 있는 형태입니다. 3부는 이 책 『하루살이의 고백: 김현희-KAL858기 사건과 이야기』입니다. 역시 해외 출판사에서 펴낸 책을 옮겼고, 이야기하기(스토리텔링) 형태가 핵심입니다.

이 3부작을 쓰기까지 수많은 우여곡절과 아픔이 있었습니다. 이 모든 일이 좋은 것이든 좋지 않은 것이든 개인적으로도, 사회적으로도 의미 있는 삶의 조각이 되었으면 합니다. 그렇게 되기를 간절히 빕니다 ……. 그렇게 되도록 노력하겠습니다.

# 한국어판 추천의 글

아주 중요한 소재를 다루고 있는, 대단히 흥미로운 책으로 보입니다.

**놈 촘스키** _미국 메사추세츠공과대학교

이 책은 KAL858기 사건 진실 찾기에 사로잡힌 학자에 대한 아주 흥미로운 1인칭 시점의 기록입니다. 사건은 115명의 삶을 앗아갔습니다. 이 책은 정치적으로 민감한 질문들의 답을 찾는 데 수십 년 동안 헌신하는 일이 얼마나 어려운지 보여줍니다. 초점은 비록 한반도에 맞춰졌지만, 지역을 떠나 현대사를 연구하는 분들, 특히 논쟁적 사안에 관심 있는 분들이라면 박강성주의 경험을 알아가며 무언가 배울 수 있습니다.

**도널드 베이커** _캐나다 브리티시컬럼비아대학교

이 책의 특징은 놀라울 정도로 솔직한 글쓰기와 드물게 새로운 관점입니다. 이를 바탕으로 국제관계학 이론이 어떠해야 하는지, 국제관계학 학문을 어떻게 실천해야 하는지, 그리고 한반도 갈등을 어떻게 고민할 수 있는지를 모두 다시 개념화합니다. 박강성주는 실증적이고, 상상적이며, 자서전적인 글로써 누구나 꼭 읽어봐야 할 성과를 이뤄냈습니다!

**로라 쇼버그** _영국 로열홀로웨이 런던대학교, 미국 플로리다대학교

지은이는 이 책에서 KAL858기 사건을 둘러싼 의문에 대한 20년에 걸친 연구의 비통하고 잊을 수 없는 이야기를 전해줍니다. 비록 미국 중앙정보국의 협조를 받은 한국 정보기관이 김현희가 설치한 시한폭탄으로 비

행기가 파괴되었다고 결론 내렸지만, 많은 피해자 가족들은 정부의 설명을 받아들이지 않았습니다. 'KAL858 영혼들'의 부름을 받은 지은이는 비행기의 운명에 관한 공식적이고 비공식적인 이론들을 민주주의가 아직 정착되지 않았던 한국의 맥락에서 풀어냅니다. 그리고 이 이론들을 감시 체제, 정부의 선전선동, 억압, 두려움과 관련한 주목할 만한 연구로 엮어냅니다. 저도 몇 건의 미 중앙정보국 문서를 분석하는 등 KAL858기 사건에 대해 조사하는 과정에서 지은이처럼 모순점을 많이 발견했습니다. 박강성주의 책은 남북한 갈등과 한반도-미국/일본 관계 관련해 많이 알려져 있지 않은 이야기에 중요한 세부 사항들을 더해주고 있습니다. 이 책은 냉전, 그리고 한반도가 세계에서 차지하는 위치에 관심 있는 분들이라면 꼭 읽어야 합니다.

**팀 쇼락** _미국 탐사보도 기자, 5·18 민주화운동 과정과 이후에 있었던 미국의 숨은 역할을 1996년에 보도


이 책은 연구자의 이야기와 연구 대상의 이야기를 연결하는 데 핵심적인 가치가 있습니다. 즉, 연구자와 연구 대상이 밀착되어 공생하는 흥미로운 이야기를 전해줍니다. 이론은 미래에 어떤 일이 있을지 예견하는 특정한 법칙을 결정하지만, 이 법칙은 우리의 과거 경험에 많이 의존합니다. 그러나 이론적 해결은 상상력 없이는 제대로 이뤄질 수 없습니다. 소설이 학문 연구에 효과적으로 기여할 수 있는 지점이 바로 여기입니다. 상상력 부족은 9·11 위원회가 미국이 왜 2001년 테러 공격에 대비하지 못했는지를 설명하면서도 언급했습니다. 이 책의 지은이는 이론적 통설에 빠지지 않으면서도 상상력이 중요하다는 점을 성공적으로 확인해 줍니다.

**홀게르 묄더** _에스토니아 탈린공과대학교, 전 국방부 소속

박강성주는 비극적인 사건과 관련해 굉장히 개인적인 자기성찰의 모습을 보여줍니다. 학부생 시절부터 시작해 학문 연구와 대학교 강의까지 그의 곁에 계속 맴돌고 있는 것은 버마(미얀마) 해상에서 일어난 1987년 KAL858기 실종 사건입니다. 이는 북쪽의 테러 공격으로 알려져 있습니다. 사건을 고민하고 연구하는 과정에서 그는 정신적으로, 심지어 물리적으로 사건에 개입해야만 하는 상황으로 고뇌합니다. 비극적 운명과 관련해 기본적인 질문들의 답을 찾으려는 피해자 가족들의 활동에도 함께합니다. 오랜 기간에 걸친 그의 고민은 연구와 강의, 진실 규명 요구에도 영향을 줍니다.

**마크 카프리오** _일본 릿쿄대학교

박강성주의 이 책은 국제관계학 분야에서 나온 새로운 형태의 서사적 글쓰기의 강력하고 훌륭한 사례입니다. 아름다우면서도 슬픈, 용감하고 재미있는, 아주 정직한 책입니다. 참으로 독창적인 통찰력으로 국제관계학의 수많은 복잡성을 통과하며 길을 엮어냅니다. 그러면서 책은 서구 학계에서 흔히 볼 수 없는, 새롭고 중요한 관점들을 전합니다. 무엇보다 저는 지은이가 '진짜 사람들'을 학문 세계로 불러오는 방식을 사랑합니다. 그가 마주친 모든 인물을 진정으로 생각하고 염려하는, 굉장히 인간적인 방식입니다. 인간이 국제관계학 이론을 찾아가는 방법입니다.

**리처드 잭슨** _뉴질랜드 오타고대학교

이 책은 열정이 연구 과정에서 얼마나 중요한 역할을 하는지 강렬하게 증언해 주는, 그래서 우리의 시선을 사로잡고 생각하게 만드는 저작입니다. 개인적 서사와 학문적 이론이 섞여 있는 글을 통해 박강성주는 우리를 수많은 우여곡절과 성과가 함께했던 굉장한 20년의 연구 여정으로 안내합니다. 저는 이 여정이 다양한 분야의 독자에게 공감을 불러오리라 굳게 믿습니다. 이 책은 국제관계학은 물론이고 다른 분야에서 이야기하기(스토리텔링)가 가질 수 있는 획기적 학문 가능성을 아주 강력히 보여줍니다.

**프랑크 가딩어** _독일 뒤스부르크에센대학교

이 책은 진정한 의미에서 '몸에서 나온 이론'입니다. 다시 말해 살아진 경험과 기억, 실패와 열망, 자기다움과 타자성을 둘러싼, 수그러들지 않는 일상의 협상을 바탕으로 한 흡입력 있는 서사입니다. 연구자/탐정의 '진실' 찾기 과정에서 책은 '눈물'을 연구, 강의, 지식에 관한 강력한 문제 제기로 바꿔냅니다. 곧, 복잡하고 때로는 해결할 수 없는 상황, 그리고 이를 헤쳐 나가면서 맞닥뜨리는 우리의 취약함을 사유의 힘으로 전환합니다. 책의 특징은 이뿐만이 아닙니다. (정치적) 몸을 성장시키는 변환과 이해를 가능케 하는 과정에서 이야기하기(스토리텔링)가 학문적 기풍과 연구 방법으로서 무엇을 할 수 있는지 보여줍니다. 섬세하게 구성된 지은이의 목소리와 시선으로 이를 확인할 수 있습니다.

**에르세벳 스트로스** _오스트리아 중앙유럽대학교

이 책은 제목에서도 알 수 있듯, 정말 인간적인 책입니다. 또한 책은 지은이의 신념에 대해서도 가르쳐줍니다. 그가 학자로서 KAL858기 연구에만 매달려 온 듯하지만, 사실은 박강성주야말로 사회적이고 정치적인 삶의 폭넓은 시각을 갖췄고 그 시각을 우리에게 제공해 주는 지성인입니다. 독자들은 책을 한 쪽씩 읽어가며 이야기에서 비롯되는 이론의 의미, 연구에 대한 감정적 헌신의 중요성을 알 수 있습니다. 우리는 이를 알려준 지은이에게 감사해야 합니다. 저는 자신의 일과 삶 관련해 이처럼 공개적이고 솔직하게 얘기한 학자를 알지 못합니다. 또한 국제관계학계의 그 어떤 책도 이처럼 모든 이의 삶이 중요하다는 것을 보여주지 못합니다. 이 책은 한 번 읽으면 독자들의 마음속에 오래도록 남을 것입니다. 수많은 세월 동안 중요하게 남을, 보기 드문 학술 서적 가운데 하나입니다.

**오데드 뢰벤하임** _이스라엘 예루살렘 히브리대학교

박강성주 교수가 쓴 책은 이야기하기(스토리텔링)와 지난 20년간의 개인 경험을 국제관계학의 한 부분으로 다룹니다. 이는 학자의 생활이 어떠한지를 이해하는 데 큰 도움이 됩니다. 지은이는 1987년 KAL858기 사건을 조사하고, 이와 같은 민감한 소재를 연구하는 데서 비롯되는 어려움을 말합니다. 남쪽 정부는 북쪽 지도부의 지시를 받은 여성 간첩이 비행기를 폭발시켜 115명을 죽였다고 발표했지만, 해결되지 않은 문제가 있어 재조사가 두 번 실시되었습니다. 이 책은 특히 국제관계학 분야 학생들과 학자들에게 매우 볼만한 자료가 될 것입니다.

**가브리엘 욘슨** _스웨덴 스톡홀름대학교

이 책은 학계와 연구 활동이 우리 중 일부를 어떻게 무너뜨리는지, 그럼에도 우리는 왜 계속 나아갈 수밖에 없는지에 대한 아름답고, 가슴 아픈, 그리고 통찰력 있는 탐구입니다. 아주 독특한 글쓰기로 이 책이 존재한다는 것만으로도 저는 희망을 느낍니다.

**사라 사르마** _핀란드 땀뻬레대학교

이 독창적이고 창의적인 책은 국제관계학, 이론, 그리고 "개인적인 것이 정치적이다"라는 개념의 경계들을 새롭게 해석합니다. 박강성주는 용기를 내어 독자들을 개인적이고, 친밀하고, 정치적이며 세계적인 여정으로 이끕니다. 지은이의 여정에 관한 이야기이자, 깊은 이론적 기여와 개입에 관한 이야기입니다. 이 책은 분야를 뛰어넘는 글쓰기로 얻어진 지적 자유의 전형입니다.

**메건 매켄지** _캐나다 사이먼프레이저대학교

박강성주는 개인적인 것과 정치적인 것이 결합된 매혹적인 책을 썼습니다. 그는 연구자, 활동가, 교육자 그리고 번거로움을 겪는 일상인으로서 자신의 경험을 이야기로 풀어냅니다. 그러면서 국제관계학이 실천적으로 어떤 의미를 지니는지, 또 우리가 국제관계학에 대해 어떻게 다르게 쓸 수 있고, 다르게 생각할 수 있는지 보여줍니다. 그는 이야기를 통해 크고 작은 트라우마를 놀랍고도 괄목할 만한 방식으로 엮어냅니다. 끝이 없는 마라톤 같은 학문 여정에서 눈물, 불안, 실패가 헌신, 열정, 자기성찰과 함께합니다.

**카밀라 오후엘라** _스웨덴 요테보리대학교

이 책은 냉전 시대 한반도 역사에서 얘기되지 않았던 민감한 면을 탐구합니다. 그리고 이야기하기(스토리텔링)라는 국제관계학계의 새로운 방식을 용기 있게 실험하고 있습니다. 박강성주는 기존 분야를 거스르는 매력적인 방식으로 글을 쓰고, 이는 연구 과정에도 영향을 줍니다. 또한 이 글쓰기를 통해 개인적인 것과 (조사 과정에서 맞닥뜨리는) 사회적 사안들이 복잡하면서 매혹적으로 얽히게 됩니다.

**한나 메레또야** _『이야기하기의 윤리학(The Ethics of Storytelling)』 지은이

이 책은 1987년 KAL858기 사건을 아주 훌륭하고 혁신적으로 다룹니다. 분단된 한반도가 지은이의 연구자 인생에 어떤 의미를 지니고, 또 그의 삶을 어떻게 규정하는지 살펴봅니다. 이러한 성찰을 바탕으로, 이 책은 국제관계학 연구의 굉장히 독창적인 접근법을 보여줍니다.

**케빈 그레이** _영국 서식스대학교

색다르고 알기 쉽게 쓰인 박강성주의 책은 참 독창적입니다. 이 책은 정말 개인적이면서 흥미로운 복합적 연구를 선보입니다. 한반도 현대사와 분단, 정치의 아픈 대목을 많이 다루고 있습니다. 또한 제도권 학자로서 민감한 소재를 연구하며 겪는 어려움도 살펴봅니다.

**라우리 빨떼마** _핀란드 뚜르꾸대학교

박강성주는 존경할 만한 학자입니다. 그는 KAL858기 사건의 의문을 집념 있게 조사하는 과정에서 직업적인 삶은 물론이고, 개인적인 삶에서의 모든 것과 모든 이를 달리 보게 됩니다. 지은이는 인간적인 차원에서 그의 통찰력을 학자로서의 몸부림, 그리고 드물지만 피와 땀과 눈물로 이

루어진 아주 훌륭한 보상과 연결하고 있습니다. 그래서 저는 이 책을 기쁘게 읽었습니다.

마사 하우슨 _영국 센트럴랑카셔대학교 졸업생(지은이의 제자)

지은이는 우리가 눈물, 불안감, 알지 못함, 그리고 슬픔과 고통과 사랑의 감정적 반응들을 심사숙고했을 때 연구가 얼마나 더 알차질 수 있는지 증언합니다. …… 이 책은 연구자가 추구하는 의미가 어떻게 학계의 압박을 견뎌내는지 보여줍니다. 곧, 연구란 유용성 있고, 효과적이며, 과학적이어야 한다는 고정관념을 의미가 이겨낼 수 있다고 말합니다. …… 이 책은 서사와 자문화기술지 중심의 국제관계학에 경이로운 기여를 합니다.

*International Affairs* 서평

※ 이 밖에도 추천사를 써주겠다고 하셨지만, 개인 사정 등으로 마감일까지 글을 보내주시지 못한 경우가 있습니다. 이분들의 글은 2023년 나올 원저의 반양장본에 실릴 예정입니다.

브루스 커밍스 _미국 시카고대학교

짐 호어 _초대 북한 주재 영국 대리대사

레네 한센 _덴마크 코펜하겐대학교

파트릭 퀼너 _독일 국제지역학연구소

앤서니 버크 _호주 국방대학교

제니 에킨스 _영국 맨체스터대학교

비비언 자브리 _영국 킹스칼리지런던

플로라 스밋 _네덜란드 레이덴대학교 졸업생(지은이의 제자)

# 영어판 추천의 글

제가 특별히 좋아하는 소설 속 탐정들은 아이슬란드, 일본, 인도, 싱가포르 출신입니다. 그들은 모두 이야기하기(스토리텔링)를 하는, 고민이 많은 인물들입니다. 박강성주도 마찬가지입니다. 미스터리한 KAL858기 사건에 대한 연구는 그를 정보기관 요원들, 혼란스러워하는 학생들, 불안한 생존자들에게로 이끕니다. 이론적으로 어두운 길을 성주와 함께 가다 보면, 국제관계학이 예전과는 전혀 다르게 보일 겁니다. 이 책은 당신 안에 머물 거예요.

**신시아 인로** _미국 클라크대학교

이 책은 국제관계학에 대한 새로운 유형의 글쓰기를 만들어내려는, 지금껏 있어왔던 가장 용감한 노력들 가운데 하나로 평가받을 것입니다. 소설 및 이론과 결합한 자전적 이야기로, 지은이는 국제적인 것을 안전하고 구체적으로 거리를 두는 방식이 아니라 철저하게 불안전한 방식으로 바라보자고 제안합니다. 이 자체가 우리가 공부하고자 하는 아주 불안전한 세계에 대한 비유라 하겠습니다.

**스티븐 찬** _영국 소아스 런던대학교

박강성주의 출판기획서를 처음 접했을 때, 제목의 모호함에 끌렸습니다. 저는 여러 가지로 고민했습니다. 도대체 무슨 뜻일까? 그래도 성주에게 결코 물어보지 않았습니다. 원고를 읽을 때까지 스스로 기다리고 싶었습니다. 그리고 많은 이들에게 고통과 상실의 시간으로 다가온 코로나 사태 속에서 원고를 읽었습니다. 제가 속한 곳이 특권적으로 저를 감염병이라는 최악의 순간에서 지켜주었습니다. 하지만 계속된 감염병 사태는 제가 원고를 (제대로) 읽는 데 방해가 됐습니다. 혼돈으로 가득 찬 머리, 더군다나 소셜 미디어를 통해 전해오는 소식으로 복잡해진 제 머리는 오랫동안 뭔가에 집중할 수 있는 능력을 서서히 갉아먹고 있었습니다. 그래도 성주 책의 추천사를 써야 했고, 그래서 책을 읽어야 했습니다. 휴대용 컴퓨터에서 원고를 읽기 시작했지요. 읽고, 계속 읽었습니다. 그리고 또 읽었습니다. 제가 이 책을 읽고 싶다고 생각하면서부터 책 제목에 대해 좀 더 이해하기 시작했습니다.

이 책은 개인적·정치적·이론적·국제적인 이야기들을 아름답게 엮어내고 있습니다. 이는 쉽게 말해 '이론'입니다. 저에게는 아주 심오한 이론입니다. 그렇다고 이론을 개인적으로 복잡한 세상/일상에 강제로 적용하지는 않습니다. 여기에서 일상이란 점심을 먹거나, 원어민 영어 교정자에게 비용을 지불하거나, 조용히 생각할 장소를 찾거나, 또는 어떻게 하면 좋은 선생이 될지 고민하는 것일 수 있습니다. 특히 성주의 경우에는 학생들에게 바나나를 주는 것도 포함될 수 있습니다. 바나나……. 누구도 바나나를 교육자의 경험 중 하나로 쉽게 상상하기는 어렵겠지만, 저는 예외입니다. 아마도 신시아 인로의 전복적인 책『바나나들, 해변들 그리고 기지들: 여성주의 관점에서 국제정치 이해하기(Bananas, Beaches and Bases: Making Feminist Sense of International Politics)』를 떠올릴 수 있기 때문이겠지요. 인로의 책은 개인적·지역적·국제적인 것들(여기에는 젠더화되고 인종화된 국제적인 바나나 판매 전략도 포함됩니다) 사이의 긴밀한 연관성을 소개하고 있습니다.

저는 이 책이 처음 출간되고 몇 년 뒤, 젠더와 국제정치를 가르치기 시작했습니다. 그리고 기억나는 일이 있는데, 좀 당황스러운 표정의 중견 백인 남성 국제정치학 교수가 물었습니다.

"다음은 무슨 책이 나올까!? 채소와 국제정치?!"

노동과 생산에 관한 젠더화·인종화된 국제정치경제를 포함하지 않는, 좋은 국제정치 수업은 오늘날 상상하기 힘듭니다. 저는 성주의 책을 읽어가면서 개인적인 것을 통해, 그리고 개인적인 것으로 국제정치를 이론화하는 길고 폭넓은 계보를 상상하며 참 포근해졌습니다. 한때 국제관계학에서 쓰기가 불가능하다고 여겨졌던 것들이 지금은 이렇게나 자연스럽게 써집니다.

하지만 이런 글쓰기는 아주 흔하게 고통 속에 이루어집니다. 책을 계속 읽어가며 성주가 "나 같은 사람"이라고 표현한 부분에 대해 더 생각해 봤습니다.

"나 같은 사람도 학계에서 숨 쉬고 살아남을 수 있다고 보여주기 위해 이 책을 쓴다."

그리고 정치 또는 학교 당국의 무자비한 요구들과 "아니요"라고 말한 대가를 생각하며, 책에 나온 눈물 이야기를 더 강하게 느꼈습니다. 제도권 안의 장벽에서 겪은 생채기에 관한 작품, 그 장벽 안에서 성주는 누가 그리고 무엇에 대해 말할 수 있는가, 누가 그리고 무엇에 대해 쓸 수 있는가, 심지어는 어떻게 쓰는가의 문제를 끌어안고 몸부림칩니다. 차갑고 냉정한 형태의 이론 및 이야기하기와 싸웠습니다. 제도권은 "아니요"라고 말한 이에게, 특히 가차 없이 얼어버린 타자화된 누군가에게 상처를 줄 수 있습니다. 성주의 책을 읽으며, 저는 그 상처와 고통과 투쟁을 강렬히 느꼈습니다. 쓰여 있는, 쓰여 있지 않은 그 눈물의 너울……

저는 전통적인 국제관계학과 신자유주의 제도의 요구로 가속화된 아주 흔한 학계 '스타들'의 배출을 생각하게 됩니다. 아니, 이런 것들을 생각하지 않으려 하고, 성주의 책을 읽으며 다른 종류의 스타를 상상하게 됩니다. 오션 부옹(Ocean Vuong)이 그려냈듯 말이지요.

"별들, 아니, 기다리고 있는 하늘의 배수구들. 작은 구멍들. 우리들이 들어갈 수 있을 정도로 긴, 작은 세기들"(Vuong, 2017).

기쁘지만 역설적인 문구, 꼭 성주의 책과 같은……. 실패와 상처에 관한, 그러나 생존이 함께하는, 그리고 생채기를 빛나는 방식으로 전환하는 능력, 그러니 이 책을 계속 읽지 않을 수 없었지요.

**마리시아 잘웨스키** —영국 카디프대학교

# 상처의 문

모든 게 무너질 수 있다. 죽음도 기다린다. 하지만 뭔가 해야 한다. 나중이 아니라 바로 지금. 그래, 문을 열어야 한다. 문 뒤에 범인이 있다. 살인범을 잡기 위해 문을 부숴야만 한다. 도구가 형사에게 전달된다. 망설일 수 없다. 하지만 그는 생각하기 위해 잠시 멈춘다.

드디어 신호와 함께 그가 나선다. 문이 부서지고, 동료들이 들어가고, 범인이 잡힌다. 그런데 영웅이라 할 수 있는 이 형사는 가만히 있다. 얼어버린 채 바닥에 앉아 있다. 걱정스러운 눈빛으로 동료가 말한다.

"이제 다 끝났다네."

눈물과 거친 숨이 그를 덮친다.

핀란드 드라마/영화 〈하르윤빠(Harjunpää)〉다. 나는 이 장면에서 형사가 두려움과 혼란으로 흐느끼는 모습을 보고 놀랐다. 국제관계학과 사회과학에서 연구자를 형사 또는 탐정에 비유하는 시도를 해왔다(Keohane, 1998; Thies, 2002; Der Derian, 2009; Park-Kang, 2014). 범죄 드라마에 관심이 많은 나는 이와 같은 모습의 형사를 보지 못했다. 이는 형사 역시 사람이며 감정을 가진 개인이라는 점을 잘 그리고 있다. 주인공 하르윤빠는 헬싱키 경찰청 소속이다. 신중하고 철학적이고 사려 깊은 인물이다. 하지만 무엇보다 그는 고뇌하고 힘들어하며 때로 방황하기도 한다. 현실 속 사람들과 마찬가지로 이 형사는 감정이 있고 어려움을 겪는다.

이 작품은 마띠 위르야나 요엔수(Matti Yrjänä Joensuu)의 소설을 바탕으로 한다. 작가는 경찰로 직접 일했다. 이 작품이 '경험'이라는 개념과 관련 있다는 뜻이다. 작가의 경험은 이야기를 구성하는 데 어떤 방식으로 활용되는가? 작품의 어느 부분이 실제이고 어느 부분이 상상인가? 사회적 서사를 만들 때 작가는 어떻게 자신의 경험을 활용하는가? 요약하면 〈하르윤빠〉 연속물은 감정, 고통, 경험 등을 유연한 방식으로 고민하는 출발점이 될 수 있다.

나의 책은 실패와 상처에 관한 내용이다. 더 중요하게, 이 책은 다음과 같이 생존에 대해 고민한다. 어떻게 상처와 함께 살아가는가, 어떻게 힘든 상황을 버텨내는가, 어떻게 상처를 학문적으로 의미 있는 것으로 전환하는가?

책의 주요 내용은 이른바 '냉전' 시대의 의문스러운 사건에 관한 20년에 걸친 고뇌와 연구다. 한국 현대사의 비극 가운데 하나로 알려진 1987년 김현희-KAL858기 사건이다. 그동안 이를 고민해 오는 과정에서 많은 일을 겪었다. 특히 이 책에서 다음과 같은 이야기를 나누려 한다. 연구 방법으로서의 소설 쓰기 노력과 실패, 여러 계획의 지연에 따른 의욕 상실, 연구자와 연구 대상의 관계 성찰, 비판적 교육학 실천, 단일 사례 연구 추구에 따른 처벌과 상처다. 이 경험은 내가 나 자신과 다른 이들을 더 잘 이해할 수 있게 해주었다. 특히 어려운 이들의 사정에 좀 더 공감할 수 있게 만들었다. 이 과정을 통해 나는 더 겸손해졌다고 믿는다. 그리고 나 같은 사람도 학계에서 숨 쉬고 살아남을 수 있다고 보여주기 위해 이 책을 쓴다.

제1부

# 고
## 백

이 책은 내가 쓰고 싶어 했던 것이 아니다.

이 말은 이 책의 핵심 단어 하나와 연관이 있다. 바로, 실패다. 원래 나는 소설 형식으로 책을 쓰려 했다. 이는 국제관계학에서 상상력을 연구 방법의 하나로 정착시킨다는 의미가 있다. 소설적 상상을 정보 부족과 불확실성을 다루는 방법으로 활용한다. 이를 위해 나는 KAL858기 사건을 소재로 책 한 권 분량의 소설을 쓰기로 했다. 1987년 11월 29일, 중동을 출발해 한국으로 오던 대한항공 여객기가 115명과 함께 사라졌다. 남쪽 국가안전기획부(안기부, 현재 국정원)에 따르면 비행기는 북쪽 공작원 김현희 일행이 설치한 시한폭탄으로 파괴됐고, 승객과 승무원 모두가 죽었다. 이에 따라 미국은 북을 테러지원국으로 지정했다. 그렇지만 수사 결과를 둘러싸고 여러 가지 문제가 제기됐고, 실종자 가족들은 사건의 재조사를 요구했다. 그리고 2005년과 2007년 '국정원 과거사건 진실규명을 통한 발전위원회(국정원 발전위원회)'와 '진실·화해를 위한 과거사 정리위원회(진실화해위원회)'가 각각 재조사를 시도했다.

나는 이와 관련한 몇 편의 짧은 이야기를 이미 출판했다(박강성주, 2015). 박사과정 때 '서사 중심/소설 쓰기 국제관계학'이라는 개념을 처음 생각해 냈다. 앞에서 말했듯, 핵심은 소설 쓰기를 연구 방법으로 활용하는 것이다. 나는 KAL기 가족의 삶과 그 연구를 바탕으로 이야기를 썼고 동반(지도) 선생님께 보여드렸다. 선생님은 내게 소질이 있는 듯하다고 하셨다. 나는 믿지 않았다. 무엇보다 영어로 썼기 때문이다. 외국어였다. 더 중요하게는, 내가 그 전에 이야기나 소설 자체를 써보지 않았기 때문이다. 소설을 많이 읽지도 않았다. 그 칭찬은 미스터리였다. 고맙게도 이를 비롯한 뜻밖의 다른 격려를 바탕으로, 나는 전에 믿지 않던 것을 믿기로 했다. '그래, 나는 이야기를 쓰는 데 재능이 있어.'

여기서 중요한 점은 소질이나 어떤 마법 같은 능력이 아니다. 나에게 가장 중요한 것은 공감하는 마음을 바탕으로 우리의 경험을 어떻게 의미 있게 재구성하느냐다. 나아가 그 경험을 또 다른 가능성의 자원으로 전환시키는 것이다. 창의적 글쓰기 작가이자 학자인 린다 배리(Lynda Barry)도 "소설을 쓰는 일은 자신의 경험을 쓰는 일과 크게 다르지 않다"(Barry, 2008: 185)라고 말했다. 이런 믿음 덕분에 나는 소설을 써본 적이 없음에도 이야기를 써냈다고 생각한다. 내가 살아낸, 바로 그 경험을 바탕으로 했기에.

나는 이 이야기를 늘리고 보완해 책 전체를 소설로 쓰고 싶었다. 앞서 낸 책은 사회과학 글쓰기와 소설 쓰기가 혼합된 형태다. 이른바 과학적 글쓰기와 문학적 글쓰기가 섞여 있다. 새로운 계획은 책 한 권을 모두 소설로 채우기였다. 방법론으로서의 소설 쓰기를 책 전체에 적용하는 일은 특별하고 중대한 성과일 수 있다. 그렇지만 나의 역량이 부족했다.

책 제안서와 원고를 몇몇 출판사에 차례대로 보냈다. 심사 결과는 전적으로 부정적이지는 않았지만, 결론은 나의 소설이 책으로 나올 만큼 훌륭하지 않다는 것이었다.

실망했지만, 놀라지는 않았다. 나는 전문적인 소설가가 아니고, 소설 쓰기나 창의적 글쓰기를 훈련받은 적도 없다. 그럼에도 몇 편의 이야기를 짧게 써냈다. 다만 나는 한계를 알고 있었고, 이를 뛰어넘으려 노력했다. 아니면 내가 충분히 노력하지 않았을 수도 있다. 그래도 어떻게든 해낼 수 있으리라 생각했다. 적어도 지금의 출판사가 심사 결과를 보여줄 때까지는……

또다시 비슷한 심사평을 받고 나니 이제는 결정을 해야겠다고 느꼈다. 나의 '지금' 역량으로, 출판이 될 만한 소설을 써낼 수 있을지 깊이 고민했다. 내 느낌에 시간을 더 갖고 쓴다면, 또는 전문적인 훈련이나 조언을 받는다면 해낼 수 있을 듯했다. 문제는 '시간이 충분한가, 그리고 더 노력할 힘이 있는가'였다. '그만한 가치가 있을까?' 나는 진지하게 물었다. 이 책을 빨리 내고, 머지않아 있을 사건 재조사에 함께하고 싶었기 때문이다. 나는 글쓰기를 넘어 조사 과정에서 실질적인 역할을 하고 싶었다. 실제로 몇몇 가족들과 활동가는 내가 한국으로 오기를 계속 기다리고 있었다.

그래서 나는 내 학문적 욕망을 앞에 둘 것인지, 아니면 다른 형태의 의미와 행동을 더 중시할 것인지 생각했다. 그리고 얼마 동안의 깊은 고민 끝에 우선순위를 바꾸기로 했다. 소설책 작업을 더는 하지 않기로 했다. 그리하여 이 책을 썼다. 소설이 아닌, 자전적 이야기하기(스토리텔링) 성격이 강한 책이다. 소설은 나중에 다시 써볼 수 있다고 생각한다. 하지만 지금 나의 역량을 냉정히 따져보면, 이 방식이 더 적절하다 하겠다.

중요한 점은, 이 형식도 넓게는 서사 및 이야기하기 기획의 하나라 할 수 있다. 적어도 국제관계학에서는 아직도 어렵고 드문 형태다. 이런 면에서 보면 새로운 기획은 원래의 소설과 큰 틀에서 연결되는 지점이 있다. 정리하면, 이 책은 나의 야심 찬 계획과 조절된 욕망 그리고 현실 개입 요구 사이에서 협상의 결과로 나왔다.

# 고
# 민

앞의 이야기와 나의 (개인적이면서 사회적인) 경험/연구를 바탕으로, 나는
'이론의 눈물'에 대해 말하고자 한다. 눈물로 가득한 이론, 눈물에서 나온
이론 또는 눈물을 흘리는 이론이다. 나는 여기서 이론이라는 개념을 굉장
히 넓게 이해하고 싶다. 이 책의 원제인 '이론의 눈물(Tears of Theory)'에
서 시작해 보자. 여기서 이론은 보통 학계에서 받아들여지는 그런 뜻으
로 사용했다. 어떤 현상을 설명하기 위한 주장 또는 그런 목적으로 여러
생각을 정리한 것으로서 '보편적' 원칙을 세우고자 한다. 아니면 이론은
넓은 맥락에서 학문적 성과를 뜻한다고도 하겠다. 여기서 내가 정말 하
고 싶은 이야기는, 이론은 우리 몸에서 나온다는 점이다. 우리의 경험과
삶에서 나온다. 이론 또는 지식은 특정한 시간과 공간에 위치한다.

　이론의 또 다른 뜻은 KAL858기 사건과 관련 있다. 해명되지 않은 문제
들로 이 사건은 여러 가지 이론을 만들어냈다. 여기서 이론은, 특히 불확
실성이 높은 어떤 상황을 설명하기 위해 동원된 생각을 말한다. 예컨대

KAL858기 가족들과 일반 시민 가운데는 이 사건이 당시 군사정권의 자작극이라고 믿고 있는 분들도 있다. 정부를 비롯한 어떤 사람들은 이를 음모론으로 치부한다. 하지만 어떤 이들은 이를 진지하게 검토한다.

무엇이 진실이든, 이런 이론이 '왜' 지금까지 계속 나오는지 이해할 필요가 있다. 공식 수사 결과, 또는 사건과 관련된 지배적 서사는 증거가 아니라 거의 모두 김현희의 자백에 바탕을 둔다. 가족들은 유해를 보지 못했다. 제대로 된 기체 잔해도 보지 못했다. 그리고 폭파범 진술에는 모순점이 여럿 있다. 그렇다면 이 의문점들을 바탕으로 한 어떤 이론을 단순히 음모론이라고 무시할 수 있을까? 이 이론은 문제가 많았던 수사 결과를 받아들이도록 강요받은 보통 사람들의 고통과 눈물에서 나왔다. 사람들의 몸, 고통, 감정에 바탕을 두고 있다. 물론 이 이론이 정말 맞는지는 또 다른 문제다.

제2부

# 의문

나는 대학교 학부생 때 KAL858기 사건에 빠져들었다. 통일부가 마련한 논문 공모전이 계기가 됐다. KAL858기 가족회 등이 제기했던 의혹을 바탕으로 나는 사건의 재조사가 필요하다고 제안했다. 이 논문은 2위에 뽑혔지만, 재조사 부분 때문에 상이 취소됐다. '통일 논문 사건'이라 부를 수 있는 이 일로, 나는 감시 문제에 민감해졌다.

그때 나는 (지금도 그렇지만) 통일부가 왜 갑자기 결정을 바꿨는지 이해할 수 없었다. 우수상 수상자로 시상식을 5일 앞둔 시점이었다. 입상은 몇 단계를 거쳐 결정됐다. 먼저 내부 심사위원들이 여러 논문을 뽑았다. 그리고 외부 위원들이 괜찮은 논문을 더 골라냈다. 그다음 최종적으로 입상작이 뽑혔고, 순위가 정해졌다. 만약 내 논문에 심각한 문제가 있었다면 1차 심사에서 걸러졌으리라. 하지만 시상식을 앞두고서야 수정 요구가 있었다. 너무 늦었다. 심지어 내게 시간이 없으면 대신 수정해 줄 수도 있다고 했다. 이례적이고 '친절한' 제안이었다. 그들은 내가 이 요청을 받아들이리라고 생각했을 듯싶다. 따지고 보면 이 상은 상금은 물론이고 정부 기관이 주는 명예, 미래 연구자로서의 특권까지 보장해 줄 수 있었다. 나처럼 젊은 대학생에게는 큰 영광이었다. 얼마나 좋은 일인가. 누가 이를 마다할 수 있을까? 음……. 그들은 나를 잘못 봤다.

정부의 수정 요구를 거부하는 것은 쉬웠다. 고민할 필요가 없었다. 요구 자체가 부당했기 때문이다. 정부는 학문의 자유를 침해했다. 표현의 자유와 양심의 자유 역시 침해했다. 무엇보다 나는 KAL858기 사건과 관련된 문제 제기가 정당하다고 생각했다. 예컨대 수색이 제대로 이루어지지 않았고, 시신이나 비행기록장치(블랙박스)가 전혀 발견되지 않았다. 그래서 수정 요구를 거부했다. 자연스러운 답변이었다.

그렇지만 치러야 할 대가가 있었다. 나는 도대체 왜 이런 일이 일어났는지 이해하려 애썼다. KAL기 사건은 정보기관과 관련이 많아 혹시 국정원이 개입하지 않았을까 의심했다. 누군가에 또는 무언가에 감시당하고 있는 느낌이었다. 나는 사람들을 피하기 시작했다. 점심을 먹으러 갈 때는 사람들이 적은 곳을 택했다. 길을 걸어갈 때는 가끔 뒤를 돌아봤다. 그리고 사람들과 말을 섞지 않으려 했다. 그렇게 나는 밥을 제대로 먹지 못했고, 잠도 잘 못 잤다. 수업 시간에도 집중할 수 없었다. 내 머릿속은 온갖 의심들로 가득했다. '왜 이런 일이 벌어지고 있지? 누구 생각이었을까? 누구를 믿어야 하나? 도대체 무엇을 어떻게 해야 할까?' 모든 것이 비현실적이었다. 이런 일은 영화에서만 일어나야 한다. 내 세계가 무너지고 있었다. 나는 거대한 혼란에 휩싸였다.

2년 뒤, 나는 KAL858기 가족들과 함께하게 된다. 이들은 사건의 재조사를 요구하고 있었다. 수사 결과에 문제가 있었기 때문이다. 가족들은 정보기관의 감시를 받았던 적이 있다. 나는 내 통일 논문 사건을 다시 보게 됐다. 그 공포, 혼란 그리고 분노 ……. 그래서 나는 나의 경험을 가족들과의 연결고리로 삼기 시작했다. 물론, 내 경험은 가족들에 비하면 별것 아니다. 그렇더라도 뭔가 큰 그림이 있다고 생각했다. 이와 동시에 나는 일상에서 더욱 조심하게 됐다. 이유가 있었다. 실종자 가족들과 활동가들 그리고 나는 정기적으로 모임을 가졌다. 그런데 적어도 두 번 정도 모임이 갑자기 중단됐다. 누군가 지켜보고 있다는 정황 때문이었다. 나는 학교도 안전하지 않다고 느꼈다. KAL기 사건으로 석사논문을 쓰고 있었는데, 원래 소재는 다른 것이었다. 하지만 가족들을 만나면서 계획을 바꾸었다. 결정은 쉽지 않았다. KAL기 논문을 위해 졸업을 늦추기까지 했다. 하지만 마음속 깊이 나는 알고 있었다, 이 사건으로 논문을 쓰고 싶다는 것을.

운명일까? 통일 논문 사건으로 돌아가면, 솔직히 그때 모든 것을 잊고 싶었다. 입상 취소도 그렇고 KAL기도 그렇고, 너무 불편했기 때문이다. 더는 혼란을 바라지 않았다. 일이 계속 복잡해질까 봐 두려웠다. '한국에서 이런 주제를 공부하면 이렇게 되는구나 …….'

2002년 10월, 상황이 달라졌다. 원래 시상식이 예정되어 있던 날 저녁, 아주 이상한 경험을 했다. 신경쇠약 비슷한 증세랄까. 며칠 뒤 집에서 쉬고 있는데 초인종이 울렸다. 처음 보는 이가 들어와 내게 다가왔다. 나도 모르게 어머니께서 한의사를 집으로 부르셨다. 영문도 모른 채, 급작스레 진찰을 받았다. 한의사는 말했다.

"가슴에 열이 많이 차 있어요."

그래서 약을 먹었다. 휴식을 취하고 기력을 회복하며, 내가 잘못한 일이 없다고 확신했다. 일을 복잡하게 만든 것은 정부였다. 침묵하고 싶지 않았다. 그래서 이 일을 국가인권위원회로 가져갔다. 또 대학원에 가서 남북/북남 관계에 대해 공부하기로 결심했다.

그렇다고 KAL기 관련 일은 하고 싶지 않았다. 그러다가 2003년, KAL858기 가족회와 대책위원회가 기자회견을 한다는 소식을 듣고 가보기로 했다. 당시 꽤 바빴던 나는 회견 시간에 맞추기 위해 택시를 타야 했다. 택시에서 내렸는데, 뭔가 허전했다. 문서파일을 놓고 내렸다. 거기에는 중요한 문서들이 있었고, 가족회에 건넬 자료도 있었다. 나는 재빨리 뒤로 돌아 택시를 쫓아갔다. 힘껏 미친 듯 달렸다. 하지만 늦었다. 문서가 날아갔고, 내 정신도 날아갔다. 결국 기자회견에 가지 못했다.

'이건 아마 …… 경고일 수 있어. KAL기 사건은 잊어버리자.'

삶은 미스터리다. 이듬해 실종자 가족들을 만날 수 있었다. 그 뒤로 나는 가족회가 마련한 거의 모든 활동에 몇 년 동안 함께했다. 그러면서 감시 문제에 촉각을 세우게 됐다. 한 번은 내가 '풍선 사건'이라고 부르는 일이 있었다. 어느 날 학교에서 돌아왔는데, 집 앞에 풍선이 있었다. 그때 내 행동은 이랬다. 먼저 한 걸음 물러나 주위를 살폈다. 막대기를 주워온 뒤 벽 뒤로 몸을 숨겼다. 한 손으로 눈을 가렸다. 다른 손으로는 막대기를 집어 천천히 풍선을 건드렸다.

그렇다 ……. 나는 풍선이 폭탄 또는 어떤 위험한 물건이라 생각했다. 사람들은 웃을지 모른다. 하지만 조심해야 하는 이유가 있었다. 특히 내가 공부하는 대학원이 좀 특별한 곳이라 그랬다. 학교 전체가 북쪽과 남북 관계 분야만 공부하는 전국에서 유일한 곳이었다. 그래서 학생들 가운데 국정원, 군대, 경찰 또는 다른 국가기관 소속인 분들이 많았다. 나같은 전업 학생은 소수였다. 나는 정부 기관 소속 학생들 가운데 국정원 사람들을 특히 조심했다. 그들은 소속을 '○○문화사'로 밝혔지만, 그것이 국정원을 뜻한다는 것은 비밀 아닌 비밀이었다. 어떤 전업 학생들은 졸업하고 국정원에 들어가는 경우도 있었다. 대학원에 오기 전에는 이런 사항들을 몰랐다. 이제 알게 됐다고 한들 내가 어떻게 하겠는가. 그저 사람들을 조심하거나 피해 다니는 수밖에.

그런데 어떤 이가 특히 신경 쓰였다. 안경을 썼고, 거의 늘 무표정한 얼굴의 중년 남성이었다. 나는 별명을 지어주었다. 국정원에서 이름을 딴 '정원 1'. 그의 배경은 분명치 않았다. 정부가 주주로 참여하는 언론사에서 일한다는 것이 내가 아는 전부였다. 보통 직업이 있는 학생들은 일을 마친 뒤 학교에 왔는데 그는 거의 하루 종일 학교에 있었고, 나를 볼 때마다 이상한 미소를 짓곤 했다. 그 미소가 싫었다. 그래서 나는 짧게 목례를 한 뒤 지나치곤 했다. 무슨 이유에서인지 그는 몇 번이나 말을 걸어왔다.

"박강성주 씨, 얘기 좀 할 수 있을까요?"

느낌이 안 좋았다.

"아 ……, 제가 일이 좀 있어서요."

나는 인사를 한 뒤 빨리 걸어갔다. 물론 그는 보통 사람이었을 수 있다. 하지만 나의 '감시 경보기'는 그가 나타날 때마다 경고음을 냈다. 그에게서 멀어지기 위해 최선을 다했다. 한번은 그가 공격적으로 나왔다. 그날도 그와 마주쳤다.

"박강성주 씨, 우리 얘기 좀 할 수 있을까요?"

늘 그래왔듯 가볍게 인사한 뒤 가던 길을 갔다.

"야! 박강성주!"

그가 소리쳤다. 나는 멈췄지만 돌아보지는 않았다. 긴장감이 느껴졌다.

"얘기를 좀 하고 싶다고!"

그가 다시 소리쳤다. 목소리에서 화가 느껴졌다. 그제야 뒤를 봤다. 그가 나를 쳐다보고 있었다. 나는 아무 말 없이 …… 인사를 했다. 내 책상이 있는 곳으로 돌아와 눈을 감았다. 심호흡을 했다. 그리고 다시 일어나 복도를 지나쳐 그가 머물고 있는 빈 강의실로 향했다.

"똑똑."

노크를 하고 문을 연다.

"실례지만, 한 가지 여쭤봐도 되겠습니까?"

이것이 내가 그에게 처음 건넨 말이다.

"그래요."

그가 고개를 끄덕였다. 나는 그의 눈을 똑바로 쳐다보며 물었다.

"혹시 기관원이신가요?"

"……."

대답을 하는 대신 그는 눈을 감았다. 나는 답변을 기다렸다.

"아니야."

그의 눈을 계속 쳐다봤다.

"나 국정원 사람 아니야. 그렇게 보일지 몰라도, 나, 성주 씨가 생각하는 그런 사람 아니야."

그의 눈을 계속, 똑바로 쳐다봤다.

"그냥 전업 학생들이랑 어울리고 싶었을 뿐이야. 성주 씨를 알고 싶었을 뿐이야."

조용하지만, 서늘한 순간.

"네 ……. 알겠습니다."

이젠 그가 나를 똑바로 쳐다봤다. 그 무표정한 얼굴이 내 시선을 뚫고 들어왔다.

"고맙습니다 ……."

나는 인사를 한 뒤 나왔다. 그와의 처음이자 마지막 대화는 그렇게 이루어졌다. 이것으로 일이 끝났다고 생각했다. 착각이었다, 정말로 큰, 착각.

얼마 뒤 그는 전업 학생들이 공부하는 정독실에 들어왔다. 잠시 들른 것이 아니라 자리를 잡았다. 내 책상과 그리 멀지 않은 곳에 ……. 그가 어떻게, 왜 자리를 얻었는지 모른다. 분명한 것은 나의 감시 경보기가 경고음을 냈다. 정독실에서 그가 감시하고 있다는 느낌이 들었다. 그리고 내가 밖에 나가 있는 동안 그가 무슨 일을 할까 걱정됐다. 예컨대 내 책상을 둘러본다든가, 컴퓨터를 살펴본다든가 ……. 그는 어느 때보다 나와 보내는 시간이 많았다. 내가 다른 학생들과 점심을 먹으러 갈 때, 그도 함께 했다. 소화가 되지 않았다. 내가 다른 학생들과 족구를 할 때, 그도 함께 했다. 공에 집중할 수 없었다. 그는 계속 내 곁을 맴돌았다.

감시받고 있다는 느낌에 나는 행동하기로 했다. 그날도 그는 내 근처에 있었다. 그렇다고 공부를 하는 것은 아닌 듯했다. 그냥 앉아만 있었다, 몸을 내 쪽으로 살짝 기울인 채. 이 대목에서는 '살짝'이라는 부사가 강조되어야 한다. 그래, 대놓고 그랬다기보다 '살짝'. 비록 각 책상에 칸막이가 있었지만, 그의 자리에서는 나를 쉽게 볼 수 있었다. 그가 자리를 비울 때까지 기다렸다. 다른 이들도 모두 자리를 비웠다. 그의 책상 쪽으로 갔다. 책상 위엔 물품이 거의 없었다. 한 발 물러선 뒤 정독실 문을 열고, 고개를 좌우로 돌렸다. 아무도 오고 있지 않다는 것을 확인한 뒤 문을 닫았다. 그제야 나는 그의 책상 맨 위부터 아래까지 면밀히 살폈다. 마치 형사가 범죄 현장을 살피듯 말이다.

한편으론 아무것도 발견하지 않길 바랐다. '풍선 사건'처럼 그냥 아무

일 없기를 ……. 이 희망은 거품처럼 곧 터져버렸다.

"이게 뭐지?"

책상 위쪽에 뭔가 반짝이고 있었다. 얇은 플라스틱같이 생긴, 거울 비슷한 물체였다. 방향이 중요했다. 혹시나 해서 의자에 앉아보았다. 그리고 이 플라스틱 비슷한 것을 쳐다보았다. 이 거울 비슷한 물체는 …… 내 자리를 비추고 있었다.

나를 신경 쓰이게 했던 또 다른 이는 실제로 국정원 사람이었다. 정말이다. 역시 중년 남성으로, 낮고 굵은 목소리에 친절해 보이는 외모였다. 그는 한국 최고 대학교로 알려진 곳을 졸업하고, 정보기관에서 일해왔다. 학교 도서관에서 그를 자주 마주쳤다. 대부분의 경우 그는 복사기를 사용하고 있었다. 그가 국정원 소속이었다는 것 자체로 거리를 둬야 할 이유가 내게는 충분했다. 이 사람에게도 별명을 지어주었다. '정원 2'. 가장 거슬렸던 점은, 내가 한국을 방문해 학교에 갈 때마다 그가 거기에 있었다는 것이다. 내가 유럽으로 떠난 뒤 8년 정도, 그는 어김없이 도서관에 나타났다. 이제 정독실에 자리가 없어 도서관에 머물러야 했다. 곧, 그와 정기적으로 마주쳤다. '뭔가 이상한데 …….' 그를 마주칠 때마다 생각했다.

만약 한두 번 정도라면 우연이라 하겠지만, 8년 동안 예외 없이 그랬다면 이야기가 달라진다. 특정한 곳, 특정한 때에 그는 늘 있었다, 마치 나를 기다리고 있었다는 듯 ……. 정말 우연이었을까? 그럴 수도 있겠다. 하지만 잊지 말아야 할 점은, 그가 국정원에서 일했다는 (그리고 지금도 일하고 있다는?) 것이다. 내 한 학년 위 선배는 진보 운동을 열심히 했다. 이 선배가 나와 다른 학생들에게 얘기한 적이 있다.

"○○○ 선생님('정원 2')이 그러는데 내가 국정원 요주의 인물 명단에 있다더라."

정확하지는 않지만 이런 내용이었다. 달리 말하면, 그는 국정원 감시와 관련해 어떤 끈이 있었다. 그래서였을까. 그가 말을 걸어왔을 때 나의 경보기가 울렸다.

"어, 오랜만이네. 어떻게, 잘 지내고? 지금도 영국에 있나?"

"아, 저 다른 나라로 옮겼습니다."

"왜?"

"어, 새로 자리가 생겨서요."

"그래? 잘됐네. 그럼 명함 하나 줘봐."

"아, 제가 명함을 따로 안 만들어서요"(정말이었다).

나의 또 다른 '요주의 인물'은 학교 후배였다. 비교적 남성미가 넘친다고 할 만한 사람이었다. 그의 다소 뜻밖인(하지만 어느 정도 이해되는) 행동 하나가 특히 신경 쓰였다. 그는 아마도 오래전부터, 아니면 석사 졸업 전부터 국정원에 들어가기 위해 준비해 온 듯했다. 거의 마지막 채용 단계에서 그는 소식을 알렸다. 몇 단계를 통과하고 국정원 취직을 앞두고 있었다. 소식을 듣자마자 별명을 지어주었다. '정원 3'. 유학을 떠나기 전 환송 모임에서 그는 내게 선물을 주었다. 이동식 저장장치(USB)였다.

"어 ……, 고맙다."

솔직히, 고맙지 않았다. 무엇보다 그가 국정원에서 일하고 싶어 해 꺼림칙했다. 이런 점에서라도 그가 준 선물을 조심스레 다뤄야 했다. '나를 감시하는 데 이용될 수 있어.' 만약 믿을 만한 사람이 같은 선물을 주었다면 그렇게 생각하지 않았으리라. 하지만 선물을 준 사람이 그였기에 조심해야 했다. 그래도 그를 믿고 싶었다. 그래서 선물을 버리지 않고 영국에 있는 동안 간직하고 있었지만 사용하지 않았다. 아니 포장을 뜯지도 않았다. 그리고 언제였을까. 그가 국정원에 들어가지 못했다고 들었다. 그런데 이상하게도 '정원 2'와 마찬가지로 그는 내가 학교에 들를 때마다, 한두 번이 아니라 항상 있었다. 이것도 우연일까? 영국을 떠나 다른 나라로 옮기기 전, 작은 호수로 갔다. 그가 준 USB는 나의 손을 떠나 하늘로 날은 뒤 '풍덩' 소리를 냈다.

나의 경보기는 꾸준히, 활발히 작동했다. 그도 그럴 것이 국정원 사람이 나를 보러 학교로 오기도 했다. 국정원의 KAL기 재조사 결과를 비판하는 글을 썼는데, 그즈음 찾아왔다. 그날 나는 등교를 했다가 볼일이 있어 학교 밖으로 나가 있었다. 학교로 다시 돌아온 내게 후배가 말했다.

"국정원에서 누가 보러 왔던데요."

알고 보니 학교를 졸업하고 국정원에 취직한 선배였다. 이름을 들어본 적이 있었다. 한 번도 만나지 못했지만, 선생님들과 다른 학생들에게서 선배에 대해 몇 번 들었다. 그런데 왜 나를 찾아왔을까? 누구도 알지 못한다. 다만 말할 수 있는 것은, 국정원이 나를 감시했을 수 있다는 점이다. KAL기 가족들과 일하던 인권변호사가 그 가능성을 알려주기도 했다. 박사논문을 쓰는 과정에서 인터뷰를 하기 위해 한국에 왔을 때다. 변호사는 내가 KAL기 활동에 참여하면서 자연스레 알게 됐다. 식당에 갔는데, 갑자기 그가 말했다.

"음……. 어디 보자. 저기, 저 사람……. 혹시 우리가 들어왔을 때 여기에 이미 있었나, 아니면 우리가 들어오고 나서 왔었나?"

어떤 중년 남성이 신문을 읽고 있었다.

"글쎄요 ……. 잘 모르겠는데요. 그런데 왜 그러시는지?"

변호사는 심각한 어조로 말했다.

"성주야, 잘 들어. 아마 너 정도면 국정원 감시 명단에 이미 들어가 있다고 봐야 해. 아마 그럴 거야."

그렇다. 나의 감시 경보기는 작동하고 있어야 했다.

하지만 나도 사람이다. 다른 이들을 오해할 수 있다. 예컨대 대학원 후배로, 그에 따르면 나를 정말 존경하는 학생이 있었다. 내가 석사논문을 다듬어낸 책을 읽고 존경하게 됐다고 한다. 이 책은 물론 KAL858기 사건을 다루었다. 우리는 내가 한국에 잠깐 들어왔을 때 가끔 만났다. 그는 중국에서 공부하고 있었는데 내가 한국을 방문할 즈음 한국으로 들어오곤 했다. 그래서 학교에서 마주쳤다. 그러면서 4년 정도 전자우편을 주고받았다. 그가 먼저 연락을 해왔는데 내가 무엇을 하고 있는지, 어디에 있는지 등을 물어왔다. 나는 친절히 답을 주었고, 때론 길게 답장을 쓰기도 했다. 그런데 어느 순간 조심스러워졌다. 편지가 다음과 같이 끝났을 때였다.

"뜬금없지만, 어찌 지내시는지, 무슨 생각하시는지, 참 궁금합니다. 자주 궁금합니다, 사실."

나도 궁금해졌다. '왜 연락을 계속 해오는 걸까? 왜 중국에 있지? 그리고 왜 이런저런 것들을 알고 싶어 할까? 도대체 왜?' 복잡한 생각이 들었다. 그러다 감시 경보기 소리가 났다, 조용히 ……. 결국 나는 답장을 하지 않았다. 3개월 뒤, 그에게 미안한 마음이 들었다. '내가 오해했을지도 몰라.' 자책감에 늦게나마 답장을 보냈다. 그것이 우리가 주고받은 마지막 편지다. 그 뒤로 어떤 연락도 받지 못했다. 이유는 지금도 모른다.

내가 KAL858기 사건에 관심을 갖고 있는 한, 이런 조심스러운 태도와 복잡한 감정을 떨치기 어려우리라. 가족회 활동에 함께하는 한, 불확실성을 계속 안고 가야 한다. 나 자신이 어떻게 20년을 버텨올 수 있었는지 신기하다. 마음의 목소리를 따르려 했고, 그러다 보니 오늘에 이르렀다.

정부가 2005년에 역사적인 재조사를 시작했던 때를 기억한다. 그보다 3년 전인 2002년, 정부는 재조사를 제안했다는 이유로 논문 입상을 취소했다. 그랬던 정부가 재조사를 시작했다. 내 결정이 옳았음을 다시 느꼈다. 그렇다고 불확실성이 사라지지는 않았다. 2005년 12월, 석사학위논문이 통과됐다. KAL858기 사건에 대한 최초의 학위논문이었다. 내가 썼다고 믿기지 않았다. 혼란스러운 시간을 견뎌낸 결과였다. 가끔 나는 누군가가 또는 무언가가 나를 해하려 하지 않을까 걱정했다. 논문을 끝내지 못하도록 말이다. 정말로 걱정했다, 마지막까지.

제본한 논문을 학교에서 기다리고 있는데 복사 집 사장님이 오지 않았다. 몇 번 일을 부탁한 적이 있는데 결코 늦지 않았다. 전화를 해도 받지 않았다. '무슨 일이지. 혹시 …… 누가 …….' 몇 시간 뒤, 안도의 숨을 쉬었다. 사장님이 논문을 들고 나타났다. 교통사고가 났는데 다행히 큰 사고는 아니라고 했다. 이런 드라마가 그 뒤로도 계속됐다.

물론, 이 모든 것은 우연일 수 있다. 그렇다면 바로 이 점이 감시 공포의 핵심이라 하겠다. 신경 쓰는 것 자체가 스스로를 방해한다. 자기검열을 하게 된다. 무엇보다 자기가 스스로를 제한한다. 박사학위논문을 쓰며 현장 연구를 위해 한국으로 갔을 때로 돌아가 보자. 늘 그랬듯, 어머니와 친구 한 명을 빼고는 누구에게도 한국 방문을 알리지 않았다. 한국에 도착해서 어머니께 연락을 하니 이렇게 말씀하셨다.

"너한테 온 우편물이 있다는데 지금 어디냐? 그 건물에 네가 직접 방문해야 한다고 하더라."

예비군 훈련과 관련된 내용이었다. 나는 6년에 걸쳐 예비군 훈련을 모두 마친 상태였다. 몇 번 양심에 따라 훈련을 거부했지만, 아무튼 모두 마쳤다. 그렇더라도 예비군들은 필요할 때 언제든 소집될 수 있었다. 만약 훈련을 참여하지 못할 것 같으면 기관에 서류 제출 등의 방법으로 통보해야 했다. '음……, 왜 하필 지금이지?' 궁금했지만 나에게는 선택권이 없었다. 나는 어머니를 해당 건물에서 뵙기로 했다. 문제가 조금 있었는데, 우리 가족은 내가 해외에 있는 동안 이사를 했다. 그래서 나는 이 새로운 도시가 익숙하지 않았다. 그리고 시간도 별로 없었다. 그래서 역에서 내려 택시를 타기로 했다.

"어서 오세요."

나는 기사님께 목적지로 빨리 가달라고 했다. 새로운 도시는 비교적 한적했다.

"다 왔습니다."

"고맙습니다."

택시에서 내렸다. 그런데 이상했다. 도착한 곳은 목적지가 아니었다. 커다란 건물이 있긴 했지만 내가 찾던 곳은 아니었다.

무슨 말을 해야 할지, 무엇을 해야 할지 몰랐다. 나는 침착하려 애썼다. 먼저 나는 어머니를 생각했다. 나를 기다리고 계신다. 나는 휴대전화도 없었고 주위에 공중전화도 없었다. 그래서 서둘러야 했다. 하지만 목적지를 어떻게 찾아야 할지 몰랐다. 여기저기 걸어 다녔다. 그리고 택시를 또 타기로 했다. 이것도 쉽지 않았다. 내가 어디에 있는지도 몰랐고 주변에 택시도 눈에 띄지 않았다. 사람들도 별로 없었다. 가까스로 택시를 잡았다. 나는 목적지를 말하면서, 약속 시간에 많이 늦었다며 빨리 가달라고 부탁했다. 그다음 일어난 일은 나를 참 혼란스럽게 했다. 이 택시는 내가 바로 전에 탔던 택시가 온 반대 방향으로 달렸다. 목적지는 정확히 반대쪽에 있었다. 나는 무려 1시간이나 늦게 도착했다. 나의 '감시 경보기'가 울렸다. 뭔가 일이 벌어지고 있는 듯했다. 어머니는 1층에서 기다리고 계셨다. 어머니를 뵙자마자 나는 주변을 재빨리 살폈다. 그리고 혹시나 해서 어머니께 위층으로 가자고 했다. 어머니는 마지못해 그렇게 하셨다. 나는 그제야 여러 가지 상황을 설명해 드렸다. 왜 늦었는지 등등, 그리고 다시 1층으로 내려갔다. 그곳에서 필요한 서류를 내야 했기 때문이다. 어머니는 이번에도 주저하시며 그렇게 하셨다.

그날 있었던 모든 일은 의문으로 남아 있다. 왜 택시는 나를 잘못된 장소에 내려줬을까? 어떻게 훈련 일자가 그렇게 묘하게 겹쳤을까? 아무튼 깨달은 점이 하나 있었다. 내가 나를 검열하고 있다는 것 말이다.

# 우연

## 2009년 3월 11일, 부산 전시컨벤션센터 벡스코

검은색 정장을 입은 김현희가 기자회견이 열릴 건물 쪽으로 걸어갔다. 경계가 삼엄했다. 그녀가 걸어갈 수 있도록 두 줄로 선 경호원들이 인간 장벽을 만들었다. 이 장벽에 둘러싸인 채 그녀는 적어도 세 명의 경찰 특공대원들의 호위를 받았다. 건물 안에서 김현희는 다구치 야에코(田口八重子)의 아들 이즈카 고이치로(飯塚耕一郎)와 함께 기자회견장 입구로 들어섰다. 그들은 팔짱을 끼고 웃으면서 걸어왔다. 이들의 뒤를 다구치의 오빠 이즈카 시게오(飯塚繁雄)가 뒤따랐다. 그들이 회견장으로 들어서자 사진기자들의 카메라에서 불빛이 터졌다. 이 불빛 속에서 이즈카 고이치로는 계속 웃었지만, 김현희는 웃음을 멈췄다. 그녀는 북에서 자신에게 일본어를 가르쳐주었던 다구치 야에코의 아들을 만난다는 생각에 며칠 동안 잠을 못 잤다고 했다. 김현희는 KAL858기 사건이 북의 테러라고 분명히 말하고 싶다며 자신은 가짜가 아니라고 강조했다(노컷TV, 2009.3.11).

그는 다음과 같은 취지로 말했다.

"1997년 12월 KAL기 가족들을 만나 인세를 줬다. 그때 우리는 서로 많이 울었다. 또 잘살라는 말도 들었다. 하지만 지난 정부 때 어떤 가족들이 문제를 제기했다. 물론 대부분의 유족들은 KAL기 사건이 북이 했다는 것을 인정한다. 가족들 중에는 아직도 북의 폭파 증거가 전혀 없다고 말하는 사람도 있다. 벌써 20년이 지났지만 아직도 누가 했는지 모르고 있다는 것이 안타깝다. …… 오늘 만남의 성격을 봤을 때 이런 말을 하고 싶지는 않지만, 만약 유족들이 KAL기 사건은 북의 테러 사건이라는 것을 인정한다면, 그리고 다른 어떤 목적도 없다면, 나는 그분들과 만날 수도 있다."

어느 기자가 그 유명한 화동 사진과 관련해 질문을 했다. 김현희가 북쪽 출신이라는 증거로 알려졌지만, 해당 인물은 김현희가 아니라고 밝혀진 터였다. 그녀는 이 문제가 이미 해결됐다고 했다. 처음에는 착각했지만, 결국 그 사진에 자신이 있었다는 이야기다. 그러면서 오늘은 다구치 야에코의 가족들을 만나는 날이니 그런 사안은 얘기하지 않았으면 한다고 밝혔다. 지난 정부 때 탄압을 받았느냐는 질문에 대해서는 그런 일이 있었다고 답했다. 그리고 현 정부에서 조사 중이니 그 결과를 기다리고 있다고 했다. ✳

'내 영혼을 지키기 위해서 …….' 나는 생각했다. 그리고 교수직을 사직하기로 결심했다. 슬픈 결정이었다. 하지만 어떤 면에서 행복한 사직이라고 느꼈다.

몇 년 전 교수 생활을 시작했을 때 참으로 기뻤다. 교수가 됐다는 것은 정말 의미가 많았다. 어머니께 소식을 전해드렸을 때 얼마 동안 침묵의 순간이 이어졌다. 어머니는 그저 흐느끼셨다. 나 역시 눈물만 흘릴 뿐 더는 말을 할 수 없었다.

"사랑하는 아들아, 네가 꿈을 이뤘구나 ……."

내 꿈은 교수가 아니었다. 학자였다. 아무튼 대학교수가 됐다는 것은 분명히 의미가 있었다. 특히 (유럽의 학교였지만) 한국이라는 풍토에서는 더욱 그랬다. 전화를 끊고 수화기에 입맞춤까지 했다. 사실 내게 교수라는 직함은 중요하지 않았다. 일자리를 얻었다는 데 감사했다. 정말이다. 예컨대 월급이 얼마인지 등은 신경 안 썼다. 그저 감사하고 행복했다. 감사한 마음은 그 뒤로 계속됐다. 또 다른 유럽 학교에서 교수 자리를 얻은 것이다. 그러나 이 자리는 사직으로 이어진다.

&

"그런 모습을 보여서 죄송합니다."

그가 말했다.

"아니에요, 괜찮습니다."

내가 답했다. 나를 포함해 교수 네 명이 지내는 연구실에서 회의가 있었다. 그렇다. 네 사람이 연구실을 같이 쓴다. 이 학교에 도착해 처음으로 놀랐던 부분이다. 심지어 내가 박사과정에 있을 때도 두 사람이 쓰는 연구실에 있었다. 그런데 교수로 일을 하며 네 사람이 쓰는 연구실에 배정됐다. 사생활이 거의 없었고, 책장도 부족했고, 조용히 연구할 시간도 없었다. 보안 문제가 있어 학생들과 개인정보가 포함된 상담을 할 수도 없었다.

이 연구실은 사실 나의 두 번째 공간이었다. 내가 도착하기 전, 나에게는 개인 연구실이 주어지지 않는다고 들었다. 나중에 알게 됐지만, 대부분의 교직원들이 연구실을 다른 이들과 함께 쓰고 있었다. 내가 몇 사람과 같이 쓰게 되느냐고 물었을 때 돌아온 답은 나를 포함해 네 명이란다. 일을 시작하기 전부터 뭔가 이상하다고 생각했다. 그래서 나는 담당자에게 혹시 다른 공간은 없는지 물어봤다. 사정상 개인 연구실은 아니더라도 네 명이 쓰는 것보다 더 나은 공간은 없는지 물어봤다. 그리하여 도착 뒤 지금의 공간으로 안내받았다. 네 명이 쓰기로 했지만 한 명이 다른 곳으로 옮겨 가고, 사실상 세 명이 썼다. 그렇더라도 책상이 네 개 있었고, 공간은 비좁아 보였다. 하지만 이것이 내가 얻을 수 있는 가장 괜찮은 곳이었다. 원래 내게 배정됐던 방은 이보다 더 작았다고 들었다. 쉽게 말해, 이곳보다 환경이 더 나빴다. 그래서 나는 지금의 공간을 그냥 쓰기로 했다.

그런데 무슨 이유에서인지 연구실에는 책상 위에 한 단짜리 책꽂이 몇 개가 있을 뿐 제대로 된 책장도 없었다. 네 명이 같이 쓰기에는 부족했다. 나 혼자만 하더라도 책과 문서 등으로 가득 찬 커다란 상자가 10개나 있었다. '아 ……, 이거 어떻게 해야 하나.' 고민할 수밖에 없었다. 연구실을 빙 둘러보자 한숨이 나왔다. 책과 문서를 꺼내지 않은 채 상자를 책상 주위에 그냥 두기로 했다. 책과 문서들을 꺼내지 않은 채 말이다. 연구실에는 개인 전화도 없었다. 나는 도착하자마자 일을 바로 시작할 수 있을 줄 알았다. 특히 영국 거주 허가증 문제로 도착이 이미 늦어져 행정실에 몇 번이나 연락을 하기도 했다.

"도착하면 바로 일을 시작할 수 있게 해주세요."

나는 걱정이 되어 학교 전산망에 임시로나마 접속할 수 있게 해달라고도 했다. 강의시간표 등을 포함해 학사 관련 자료를 미리 파악하고 싶었기 때문이다. 하지만 내 요청은 받아들여지지 않았다. 그리고 지금 상황이 이렇다. 첫 수업 하루 전에야 도착했다. 나는 책상을 닦고 의자에 앉았다. 정말 힘겨운 시작이었다. 그래도 생각했다. '그나마 이 공간이라도 있어 다행이다. 교수가 된 것에 감사하자.'

연구실이 불편한 것은 어쩔 수 없었다. 예컨대 수업을 마친 뒤 조용히 쉬고 싶을 때가 많았지만 연구실은 늘 복잡했다. 다른 선생님들의 학생이 오가고, 휴대전화가 시끄럽게 울리고, 학과 동료들이 다른 선생님들을 만나러 왔다. 나는 도시락을 싸 왔지만 연구실에서 밥을 먹지 않았다. 다른 이들에게 방해가 될 수 있기 때문이다. 공용 부엌이 있긴 했지만, 부엌에는 식탁이나 음식을 앉아서 먹을 만한 공간이 없었다. 나는 식사를 어디에서 해야 할지 몰랐다.

그날도 나는 수업을 마치고 혼자서 조용히 쉬고 싶었다. 마치 질식할 듯한 느낌이 들었다. 그래서 밖으로 나가 걷기 시작했다. 약 20분 정도 걸어 시내 중심까지 왔다. 샌드위치를 샀다. 그리고 상점 옆에서 조금씩 먹기 시작했다. 거리를 바라봤다. 사람들이 많이 오갔다. 고요하지 않은, 그런 모습. 그리고 하늘을 봤다. 구름 한 점 없이 깨끗하고 파랬다. 하늘을 보니 조금 위로가 됐다.

"선생님, 선생님."

누군가의 음성에 고개를 돌렸다.

"선생님 제발요, 선생님."

찌푸린 얼굴로 구걸을 하는 걸인이었다. 그는 분명히 돈을 바라고 있었다.

"선생님, 선생님."

나는 아무 말도 하지 않았다. 물론 짠한 감정이 들었다. 하지만 솔직히, 침범당한 느낌이었다. 어렵게 찾은 나의 작은 평화를 빼앗긴 느낌. 그 소중한 평화를 빼앗기니 허망했다. 그저 힘없이 그를 바라봤다.

"제발요, 선생님. 제발요."

그는 내게 손을 계속 내밀었다. 갑자기 화가 났다.

"아, 정말!"

나도 모르게 소리쳤다. 그는 놀란 표정이었다. 나는 미안해졌고, 사과하려 했다.

그 순간 어떤 이가 걸인에게 다가와 동전을 준다. 정말 미안했다. 나는 나쁜 사람이 되어 있었다. 나의 짧았던 평화의 시간이 깨지고 후회의 시간이 찾아왔다. 나답지 않은 행동이었다. 특히 사회적 약자라 할 수 있는 그런 사람에게 ……. 얼마나 야속한가. 이 학교로 온 뒤 뭔가 불편한 변화가 시작된 느낌이었다. 하늘을 쳐다보며 생각했다. '내 자신을 다시 찾고 싶다. 내 공간을 갖고 싶다. 조용히 충전할 수 있는 곳이 필요하다 …….'

복잡한 심정으로 다시 걷기 시작했다. 학교로 돌아와 결심했다, 어딘가 있을 조용한 곳을 기필코 찾겠다고. 그런 곳이 건물 어디엔가 분명히 있으리라 생각했다. 맞았다. 그런 곳이 있었다. 초록색 바탕에 하얀색 십자가 표시가 있는 방, 바로 의무실이었다. 이 방은 아프거나 응급처치가 필요한 이들을 위해 마련된 듯했다. 그런데 거의 늘 비어 있었다. 그곳에는 병원에서 볼 수 있는 침대가 있었다. '음 ……, 혹시 이걸 식탁으로 쓰면 어떨까?' 좀 죄책감이 들었지만 이 방은 결국 나의 비밀스러운 공간이 됐다. 이곳을 사용할 때면 나는 문을 잠갔다. 창문도 없고 식탁도 없는 곳이지만, 여기에서 숨 쉴 수 있었고 먹을 수 있었다. 그렇더라도 의무실을 다른 용도로 쓰고 있다는 죄책감을 떨칠 수 없었다. 그래서 나는 더욱더 소중한 평화의 순간을 잃지 않으려 했다. 방을 드나들 때 나는 먼저 문에 귀를 댔다. 밖에서 아무 소리가 나지 않을 때, 밖에 아무도 없다고 확신했을 때 재빨리 움직였다. 그렇게 나만의 비밀 장소를 유지할 수 있었다.

한 달 뒤, 놀라운 일이 있었다. 학과에서 내게 개인 연구실을 주기로 했다. 내가 요청하지도 않았는데, 말 그대로 놀라운 일이었다. 들어보니 연구실 건물에 빈 방이 하나 있었다. 의료 등의 이유로 개인 연구실이 필요한 이를 위해 비워두었단다. 규정에 따르면 건강상 이유로 개인 연구실이 있어야 할 때, 예컨대 장애가 있는 교직원의 경우 방을 혼자 쓸 수 있다. 엄격히 말해 나는 해당되지 않았다. 하지만 학과장이 행정실에 특별히 이야기를 했고, 결과가 좋았다. 정말 너그럽고 사려 깊은 제안이었다. 아마도 교수가 된 것 자체에 감사했던 나의 마음이 빛을 봤나 보다. 아니면 학과장이 나에게 미안한 마음을 가졌을 수도 있다. 수업 하루 전 도착했고, 네 명이 같이 쓰는 연구실에서 책 상자들에 둘러싸인 나의 모습을 보고 말이다.

그런데 이상하게도 나는 자책감이 들었다. 동료들 대부분이 다른 이들과 연구실을 쓰고 있었기 때문에, 나만 혼자 편해지는 것이 결코 편치 않았다. 그래서 나는 연구실에 이름을 표시하지 않았다. 다른 사람들에게 내가 개인 연구실을 쓴다고 알리고 싶지 않아서였다. 이렇게 해서 바라던 연구실을 생각지도 않게 얻었다. 분명 기뻐해야 했지만, 한편으로 미안했다. 평화를 찾았지만, 내 마음은 평화롭지 않았다.

새 연구실은 작고 가구도 별로 없었다. 예컨대 책장이 없었다. 이전 연구실에는 책꽂이 비슷한 것이라도 있었지만, 여기에는 전혀 없었다. 학과장은 적어도 책장 하나는 들여놓자고 했다.

"개인 연구실 쓰는 것만으로도 굉장히 고맙습니다. 다른 사람들은 그렇지 않잖아요. 그러니까 괜찮습니다."

"정말이에요?"

"네, 진심입니다. 이 공간을 쓸 수 있다는 것만으로 충분합니다."

"아, 그렇게 생각한다면 ……."

"네, 정말이에요. 생각해 주셔서 고맙습니다."

그랬다. 나는 정말로 일이 잘 풀리고 있다고 느꼈다. 비록 책장 없이 아직도 상자들에 둘러싸이긴 했지만 기쁘게 받아들였다. 이제 두 개 수업을 연속으로 하고 나서 조용히 쉴 수 있었다. 식사 시간이 되면 어디로 갈까 고민할 필요도 없었다. 학생들과 상담할 때도 이 연구실에서는 문제가 없었다. 때로 연구실에서 좋아하는 음악을 틀기도 했는데, 이전 공간에서는 그럴 수 없었다. 이곳에서 나는 별다른 방해 없이 일에 집중할 수 있었다. 어떤 어려움도 이 작지만 조용한 연구실이 있는 한 버텨낼 수 있을 듯했다. 참으로 감사했다. '그래, 나는 축복받았어.'

5개월 뒤, 보직을 맡고 있는 동료에게서 전자우편이 왔다. 대학 본부가 공간 재배치 계획을 세웠는데 내 연구실이 임원의 공간으로 사용될 것이라는 내용이었다.

"전에 쓰던 연구실에 자리가 아직 남아 있다고 알고 있습니다."

나는 눈을 두 번 깜빡였다. 내 동료는 자신도 이 계획에 문제가 있음을 경영진에게 말했다고 덧붙였다. 나름대로 애를 썼다는 뜻이다. 편지는 다음 문장으로 끝났다.

"이해해 주서서 고맙습니다."

불행히도 이 말은 나를 위로해 주지 못했다. 오히려 불편해졌다. 이 계획을 이해할 수 없었다. 받아들일 수 없었다. 나는 눈을 감았다. 마음속에서 지진이 일어났다. 나만의 고요한 공간이 사라지게 됐다, 내가 버텨낼 수 있도록 도와준 이 공간이.

'그래, 이젠 됐다. 충분하다.' 드디어 나는 사직을 결심했다. 그래, '드디어 ⋯⋯.' 이는 내가 전에도 사직을 생각했다는 뜻이다. 좀 긴 이야기다. 앞서 말했듯, 나는 수업 하루 전에 영국에 도착할 수 있었다. 복잡한 거주 허가증 문제 때문이었는데, 학교는 사안을 잘 다루지 못했다. 이는 내 활동에 처음부터 부정적인 영향을 주었다. 네 명이 쓰는 연구실에 배정되어 불편한 점이 많았고, 일에 집중할 수도 없었다. 게다가 교직원과 충분히 협의되지 않은 사항들이 계속 전달됐다. 혼란스러웠고 의욕도 떨어졌다. 이 밖에도 문제는 많았다. 그렇지만 다시 강조하건대, 나는 교수 자리를 이어갈 수 있다는 것 자체에 감사했다. 정말이다.

그리고 이런 경험이 꼭 이 학교에만 있는 일은 아니라고 생각한다. 예컨대 거주 허가증 문제가 그렇다. 엄격히 말해, 내가 늦게 도착한 이유는 학교 잘못이 아니었다. 내 느낌에 영국은 이민 제도를 최대한 복잡하게 만들어 어떻게든 이민자들이 오지 못하게 하려는 듯했다. 그리고 신자유주의 시대의 영국의 많은 대학교들은 경쟁력 강화라는 이념에 사로잡혀 구조조정에 여념이 없다. 학자들은 일에 내몰리고, 논문 쓰는 기계로 전락하기 쉽다. 내가 바라던 삶이 아니다. 스트레스가 점점 나를 갉아먹었다.

그러면 왜 진작 그만두지 않았는가? 어머니 때문이다. 어머니는 고혈

압을 앓고 계시다. 아버지가 돌아가시고 몇 년 뒤 확진을 받으셨다. 나는 십 대 시절 아버지를 잃었다. 근본적인 원인은 고혈압이었다. 그래서 어머니를 걱정하지 않을 수 없었다. 내가 교수가 된 뒤 어머니 건강은 많이 좋아졌다. 행복하기 때문이라고 하셨다. 내 동생 역시 어머니가 내 덕에 건강해지셨다며 고맙다고 했다. 이처럼 사람의 몸은 때로 신비롭다. 그런데 내가 교수직을 그만둔다고 하면 어떻게 되겠는가? 어머니 건강에 또 문제가 생길 수 있었다.

그렇더라도 고민했다. '이건 내 인생이야. 왜 어머니를 먼저 생각해야 하나?' 그래, 냉정하게 들릴지 모르지만, 내가 어머니를 먼저 고려할 필요는 없었다. 당장 중요한 것은 나의 상황이었다. 그러다 멈칫했다. '어머니는 늘 나를 먼저 생각하셨다. 희생을 많이 하셨다.' 그렇다. 말로는 표현 못 할 만큼. 그래서 나는 버티기로 했다. 어머니의 희생과 비교할 수 없겠지만, 나는 이제 내가 희생(?)할 차례라고 생각했다. 어머니의 행복과 건강을 위해 할 수 있는 작은 일들 가운데 하나였다. 결국 자기변명일 뿐이라고 말할 수도 있겠지만, 나는 어머니를 위해 교수로 남기로 했다.

그리고 나의 고요한 피난처, 개인 연구실도 있었지 않은가. 물론 (뜻밖에 얻게 된) 연구실이 모든 문제를 풀어주지는 못했다. 그래도 스트레스를 줄여주고 내가 계속 버티는 데 큰 힘이 됐다. 다만, 내 안에 뭔가 불편한 기운이 있었다. 이 학교의 많은 사람들처럼 나는 점점 냉소적으로 변하는 듯했다. 내가 일을 시작하고 동료들을 관찰했을 때 어떤 경고음이 울렸다. 내가 처음 도착했을 때 사람들에게 왜 늦게 왔는지를 설명했다. 거주 허가증에 관련된 혼란을 언급했는데 이런 말을 들었다.

"A(학교 이름)에 오신 걸 환영합니다!"

바로 비슷한 문제를 겪었던 동료였다. 나로서는 좀 이해하기 어려운 반응이었다. 하지만 시간이 흐르면서 이해가 됐다. 그리고 사람들이 다른 학교로 옮기고 싶다고 말할 때 나는 놀라지 않았다. 어떤 이는 내게 다른 학교의 채용 공고를 보내주며 지원을 하라고도 했다. 친절한 말이었지만, 슬프기도 했다.

그랬던 나 역시 점점 냉소적으로 변하기 시작했다.

"뭐 어쩌겠어. 여기는 A인데!"

"그럴 줄 알았어. 여기는 A잖아!"

"뭐 그러든지 말든지. 어차피 여기는 …… A니까!"

이는 문제가 됐는데, 특히 예비 학생 방문의 날에 그랬다. 학교에 대한 솔직한 느낌을 숨긴 채, 학생들에게 이 학교가 얼마나 좋고 매력적인지 알리기는 쉽지 않았다. 이는 어느 학생이 다음과 같은 질문을 했을 때 분명해졌다.

"선생님이 보시기에, 이 학교의 가장 좋은 점은 무엇인가요?"

나는 학생의 시선을 피하기 위해 창문 쪽을 바라봤다. 좀 얼버무리면서 고민을 했다. 결국 나는 누구나 할 수 있는 형식적인 답변을 했다. 솔직하지 못했지만 그렇게 넘어갔다.

더 중요한 것은, 스트레스는 어느 때부턴가 다른 이들과의 관계에도 영향을 줬다. 하루는 인사 부서 직원과 혼란스러운 문제로 전화 통화를 했는데, 답답했던 나는 어느새 목소리를 높이고 있었다. 예전에는 이런 일이 한 번도 없었다. 가장 가슴 아팠던 것은, 내가 학생들에게까지 점점 뭔가 불편한 심정을 느끼기 시작했다는 점이다. 나는 이런 심정을 절대 내비치지 않았다. 그 누구에게 말하지도 않았다. 물론 학생들에게 계속 친절했다. 그러나 가슴속 깊이 알고 있었다. 이 점이 나를 참 아프게 했다. 그래서 나에게도 화가 났다. 내 자신이 싫었다. 이 모든 것은, 나의 피난처라 할 수 있는 개인 연구실이 있는 상태에서 일어났다. 그런데 이 피난처마저 사라졌고, 더 버틸 자신이 없었다.

물론 그냥 다른 이들처럼 계속 갈 수도 있었다. 그 어디에도 완벽한 삶이란 없다. 우리는 상처를 주고 미워하고 냉소할 수 있다. 그렇더라도, 그래, 나는 계속 그리 되고 싶지 않았다. 나는 노력했다, 정말로. 계속 버텼다. 어머니를 생각하며, 동·서독 평화로운 연구실을 생각하며. 이젠 다른 방식으로 노력해야 할 때다. 그래서 그만두기 위해 용기를 냈다.

ಬ

나는 현실적이었다. 사직은 여러 가지 어려움을 불러오게 되리라는 걸 알고 있었다. 먼저, 동·서독 직함은 이제 교수가 아니게 된다. 만약 이를 어머니가 아시면, 문제가 생길 수 있었다. 하지만 교수로 얼마 동안 일했든, 나는 그 정도면 비교적 충분하다고 생각했다. 다음으로, 적어도 당분간은 급여를 받지 못하는 상태가 된다. 경제적으로 어려워질 수 있다는 뜻이다. 다행히 나는 그동안 일하면서 모아둔 돈이 있어 큰 문제는 없으리라. 결론적으로 내겐 임시 해결책이 있었다. 문제는 불확실성이었다. 공식 직함 없이, 안정적 수입 없이 나는 안개 낀 세계에 몸을 던지는 셈이다. 내 안의 목소리를 따른 사직은 그저 장밋빛 자유를 뜻하지 않는다. 이것은 현실과의 싸움이다. 나 자신과의 격렬한 대화다.

이 과정에서 스스로 물어야 한다. 나는 이 싸움을 견뎌낼 준비가 되어 있는가? 그 책임을 질 수 있는가? 때로 우리는 그 힘을 갖고 있을 수 있지만, 그렇지 않을 때도 있다. 나의 경우, 처음에 어떻게 답해야 할지 몰랐다. 하지만 신비롭게도 나는 이 모든 것이 어쩌면 처음부터 일어나기로 되어 있었다고 생각했다.

KAL858……. 자연스럽게 떠올랐다. 20대 초반부터 나의 삶을 정의해 온 사건, 내 박사논문의 축이 됐던 사건, 나를 교수로 만들어준 사건. 나는 이 사건을 내 운명으로 생각해 왔다. 나는 사건 25년 추모제에서 박사논문을 발표해 달라는 부탁을 받았다. 그때 논문 이야기를 하며, 어떤 형태로든지 이 사건을 끝까지 끌어안고 가겠다고 공개적으로 약속했다. 나는 KAL858기 사건을 내 운명이라고 말했다. 운명……. 좀 지나친 표현일 수 있지만, 나는 진지했다. 이 사건에 그리고 실종자 가족들에게 빚을 졌다고 생각했다. 연구자로서 뭔가 더 하고 싶었다. 사건 연구를 계속하고 싶었다. 그래서 새로운 책을 쓰기로 했다. 하지만 적지 않은 이들이 말했다.

"경력을 생각한다면 더 큰 그림을 봐야 해요. 단일 사건 연구를 그렇게 오래 하면 도움이 되지 않습니다."

처음에는 기분이 상했지만 비슷한 말을 여러 사람이 반복하니 생각이 좀 달라졌다. 이 조언을 떠나, 솔직히 나 역시 점점 지쳐가고 있었다. 그래서 또 다른 책을 쓰는 작업에 멈칫했다. 아울러 교수로 일을 시작하니 나만의 연구를 위한 시간이 부족하기도 했다. 수업하랴, 행정 업무하랴 바빴다. 그렇게 새로운 책 쓰기를 조금씩 잊어갔다.

그러나 지금, 2017년이 다가오고 있었다. 사건 30년이 되는 해다. 만약 지금이라도 작업을 다시 이어가면 2017년 안에 책을 낼 수 있을 듯했다. 이것이 결정적인 동력과 이유가 됐고, 그래서 사직할 수 있었다. 교수가 아니라 책을 쓸 수 있는 시간이 많아지기 때문이다. 처음부터 그럴 생각은 아니었지만, 만약 책을 내게 되면 사건 30주기에 특별한 일을 할 수 있다. 뜻밖에도 더욱 의미 있는 책이 되리라. 그래서 내가 이토록 힘들었던 것일까? 나는 그 어느 때보다 그만두는 것이 맞는다고 확신했다. '그래, 이게 다 뜻이 있어서가 아닐까?'

　　교수 자리는 나중에 지원하면 또 얻을 수도 있다. 하지만 사건 30주기는 그럴 수 없다. 마치 실종자들의 영혼이 나를 부르는 듯했다. 내 운명을 다시 찾은 느낌이었다. 로랑 비네(Laurent Binet)가 말했듯, 어떤 주제에 특별한 관심이 있으면 모든 것이 그에 연결된다(Binet, 2013). 마음속이 꽉 차오르는 느낌이었다. 그렇더라도 내가 책을 기한 안에 낼 수 있으리라는 보장은 없었다. 하지만 최선을 다해 노력할 것이다. 뭔지는 정확히 모르겠지만, 어떤 이상한 자신감이 나를 감쌌다. 확실치는 않지만 뭔가 있다고 느꼈다. 뭔가 나를 기다리고 있다는 느낌, 내게 용기를 주는 그 무엇이 있음을. 고개를 끄덕였다. '이게 다 뜻이 있어서 그렇다.' 내가 틀릴 수도 있었지만, 내 자신을 믿기로 했다. 그리하여 마침내 결심했다 ……. 행복하게 사직하기로.

## 2010년 7월 20일, 도쿄 하네다공항

일본 정부 소유의 작은 비행기가 공항에 내렸다. 20명 정도가 비행기 앞에 서 있다. 어떤 신호를 기다리고 있는 듯했다. 갑자기 맨 앞에 있던 세 명이 큰 우산을 펼쳤다. 흰색 옷을 입고 선글라스를 쓴 이가 우산을 든 이들 쪽으로 달려갔다. 그리고 비행기 옆에 있는 검은색 차에 탔다. 몇몇 다른 검은색 차들의 호위를 받으며 이 차량은 어디론가 향했다. 잠시 뒤 경찰차도 합류해 차량 행렬을 이끌었다. 문제의 검은색 차는 몇 차례나 언론인들이 모여 있는 곳을 지났고 그때마다 사진기자들의 카메라에서 불빛이 번쩍였다. 이 차는 하토야마 유키오(鳩山由紀夫) 전 일본 총리의 빌라에 도착했다.

분명히 뭔가 벌어지고 있었다 ……. 모든 것은 차에 타고 있는 사람이 굉장히 중요하고 정치적으로 민감한 인물임을 암시했다. 일본 정부의 비행기와 전직 총리의 빌라를 이용할 만큼 중요한 사람, 굉장한 보안 조치와 구름 떼 같은 언론인을 부를 만큼 민감한 이 사람은 과연 누구인가? 한때 하치야 마유미(蜂谷眞由美)라는 일본 이름을 썼던 사람, 비행기를 폭파해 115명을 죽였다고 알려진 사람, 그리고 테러범으로 사형 선고를 받았던 사람 ……, 김현희다.

다음 날, 그녀는 칼을 들고 있었다. 김현희 옆에는 어떤 남자가 있었다. 그렇다고 위험한 상황은 아니었다. 김현희는 다구치 야에코의 아들, 이즈카 고이치로를 위해 요리를 하고 있었다. 그들은 한국에서 1년 전 만났다. 김현희에 따르면 북에서 훈련을 받을 때 이즈카의 어머니가 일본어를 가르쳐주었다고 한다. 또 중요한 점은, 김현희는 그녀가 일본에서 납북됐다고 진술했다. 1987년에 나온 이 진술 이후 납북 문제는 일본과

북 사이의 관계를 아주 복잡하게 만들었다. 일본 정부는 김현희를 일본에 초대하는 방식으로 북을 더 압박하려 했다. 이런 이유로 수사 결과대로라면 테러범인 김현희가 일본에서 국빈처럼 대접을 받았다. 그녀는 빌라에서 기자에게 말하길, 지난해에 이즈카를 만났을 때 그의 엄마가 되어주겠다고 했다. 그리고 다음에 만나면 맛있는 음식을 만들어주겠다는 약속도 했다(SBS, 2010.7.24). 김현희는 참 여유롭고 행복해 보였다.

다음 날, 그녀는 헬기를 탔다. 일본 정부가 관광 기회를 제공했다. 그녀는 안개가 너무 자욱해 후지산을 볼 수 없었다며 아쉬워했다. 그다음 날, 김현희는 똑같은 검은색 차를 타고 공항으로 돌아갔다. 며칠 전 그녀가 도착했을 때처럼 경비가 삼엄했다. 그녀는 일본 정부의 비행기를 타고 한국으로 돌아갔다. ❉

나의 사직 결심은 부분적으로 자유로운 연구자가 되고 싶다는 내 양심의 문제이기도 했다. 양심의 개념과 관련해 고민을 하곤 했다. 우리는 왜 양심을 갖고 있을까? 이는 어떻게 작동하는가? 이 물음과 군대 문제가 관련이 있음을 어느 순간 깨달았다.

ᘒ

한반도/조선반도의 분단 상황으로 남과 북은 모두 징병제를 실시한다. 징병제는 비극적으로 계속되고 있는 한국전쟁의 증거이기도 하다. 처음에 나는 군대에 가지 않아도 되는 줄 알았다. 아버지가 공무원으로 순직하셔서 국가유공자 자녀가 됐기 때문이다. 내가 알기로는 국가유공자 자녀는 병역이 면제됐다. 하지만 나는 군대에 가고 싶었다. '남자라면 국방의 의무를 다해야 한다.'

"군대 가야 사람 된다"라는 말을 믿고 있었다. 물론 이 말은 지금 여성주의자, 평화 활동가 등에게 비판을 받고 있다. 나 역시 오래전부터 생각이 달라졌다. 아무튼 그땐 그런 생각을 했다.

국방의 의무를 신성시하는 것은 오랫동안 강력한 효과를 발휘해 오고 있다. 나도 예외는 아니었다. '군대에 가는 것은 모든 남자의 의무다. 나도 가야 해.' 국가유공자의 자녀라는 이유로 이 의무를 저버리고 싶지 않았다. '나는 변명을 하고 싶지 않아. 그리고 가장 힘든 곳에서 복무할 거야.' 나는 해병대에 가기로 했다. 아마도 어떤 모범을 보이고 싶었나 보다. '저 사람을 봐라. 군대에 가지 않아도 되지만, 저렇게 열심히 하지 않느냐. 좀 보고 배워라!'

결과적으로 나는 군대에 가야 하는 상황이었다. 자세히 알아보니, 모든 국가유공자 자녀가 아니라 군인 자녀만 병역에서 면제된다고 했다. 내가 잘못 알고 있었다. 어차피 입대하려고 했기에 신경 쓰지 않았다. 여러 고민 끝에 해병대가 아닌 육군에 지원하기로 했다. 그리고 무사히 군 복무를 마쳤다. 그렇다면 나는 '사람' 또는 성인 남성이 됐을까? 나는 진짜 사나이가 됐을까? 그럴 수도 있고, 그렇지 않을 수도 있다. 그럴 수 있다. …… 어떻게 총을 다루고, 명령에 복종하며, 사람 죽이는 법을 배웠다는 점에서. 그렇지 않을 수 있다. …… 더는 그런 기술을 배우기 않기로 했다는 점에서. 그럴 수 있다. …… 사람들이 구타당하고, 북쪽이 악마화되고, 여성이 성적 대상으로 전락하는 것을 목격했다는 점에서. 그렇지 않을 수 있다. …… 더는 그런 제도에 함께하지 않겠다고 결심했다는 점에서.

군대에서 나는 기꺼이 받아들일 수 없는 것들을 배웠고 목격했다. 이를 깨달은 것은 여성주의와 평화주의 덕분이다. 그래서 예비군으로 양심에 따라 훈련을 거부했다. 한국에서 병역을 마치면 자동적으로 몇 년 정도 예비군에 편입된다. 이는 정기적으로 군사 훈련을 받아야 하는 의무를 뜻한다. 나는 예비군 훈련을 이미 몇 번 받았지만, 내 양심이 더는 허락하지 않았다. 뭔가를 해야 했다. 그렇더라도 일을 크게 벌이고 싶진 않았다. 조용히 하고 싶었다. 공개적으로 이야기할 생각은 없었다.

법에 따라 나는 경찰서에 불려갔다. 소환장에는 경찰서에 가서 조사를 받고 벌금을 내야 한다고 적혀 있었다. 태어나서 처음 경찰 조사를 받았다. 의자에 앉았고, 경찰은 컴퓨터로 문서를 작성하기 시작했다. 나는 곁눈으로 문서를 살짝 살펴봤다. "피의자 …… 궐석 재판 ……." 내가 벌금을 내야 한다는 내용이었다. 마치 내가 무슨 잘못을 저질렀다고 벌써 인정한 듯했다. 어떤 말을 할 기회도 없었는데 말이다. 정신이 번쩍 들었다.

"저 죄송한데요, 혹시 제가 왜 훈련에 가지 않았는지 말씀드려도 될까요?"

그렇더라도 나는 훈련 거부의 '진짜' 이유를 말하고 싶진 않았다. 경찰은 좀 머뭇거리더니 말했다.

"글쎄 …… 그렇게 원한다면, 한번 말해봐요."

잊지 마라, 이걸 공개적으로 말하면 안 돼!

"저는 …… 제 양심에 따라 훈련을 거부합니다. 다른 양심에 따른 병역 거부자들을 지지하고요."

어 ……, 말을 해버렸다. 나 역시 내가 이렇게 말했다는 데 놀랐다. 경찰은 쓰고 있던 안경을 벗더니 좀 이상한 표정으로 나를 쳐다봤다.

"아, 그래요. 그럼 이 이야기를, 만약에 원한다면, 판사 앞에서 직접 할 수도 있습니다."

나는 일을 그렇게까지 복잡하게 하고 싶지는 않았다. 여기서 벌금만 내면 끝날 일이었다.

"네, 그러면 법원에 가겠습니다. 언제죠?"

아뿔싸.

"예? 그러니까 지금 재판을 받겠다는 거예요? 확실합니까?"

경찰은 마치 이런 일은 한 번도 없었다는 듯 놀라 물었다. 급하게 누군가에게 전화를 건 뒤 말했다.

"음 ……, 내일 아침 9시예요."

나는 법원에 나가 왜 예비군 훈련을 거부하는지 설명했다. 물론 벌금을 내야 했지만, 놀라운 일이 벌어졌다. 원래 회부된 벌금의 절반만 내라는 판결이 나왔다.

이야기는 거기서 끝나지 않았다. 법에 따르면 나는 벌금을 냈더라도 훈련에 참여해야 했다. 다시 말해, 훈련에 참여할 때까지 계속 처벌을 받게 되어 있었다. 상황이 더 나빠지길 바라지 않았기에 나는 결국 훈련에 나갔다. 똑같은 이유로 이듬해 훈련에도 갔다. 그런데 내 양심의 목소리가 다시 들리기 시작했다. 그냥 못 들은 척할 수는 없었다. 그래서 1년이 지난 뒤, 다시 훈련을 거부했다. 예비군으로서 마지막 해였다. 그래서 경찰서에 또 불려갔다. 나는 전에 거쳤던 과정과 비슷할 줄 알았다. 착각이었다, 아주 큰 착각.

경찰이 물었다.

"왜 예비군 훈련에 안 갔어요?"

나는 2년 전과 비슷하게 진술했다.

"그래요? 그 양심 때문에 ……. 좋습니다. 알겠습니다."

경찰은 이어서 물었다.

"자, 그럼 말해보세요. 군대에는 처음에 왜 간 겁니까?"

"그것은 ……."

경찰이 말을 끊었다.

"이것 보세요. 그쪽은 이미 군대에 갔다 왔잖아요. 그렇죠? 그런데 지금 양심을 말하고 있는데, 그 양심이라는 것이 그렇게 바뀔 수 있어요?"

나는 말문이 막혔다. 몸이 얼어버린 듯했다. 경찰이 말하길, 2년 전에는 훈련에 처음으로 가지 않은 거라 처벌이 가벼웠다. 하지만 두 번째부터는 상황이 달라진단다. 정말 그랬다. 나는 이전처럼 법원에 갔다. 하지만 이번에는 벌금을 10배나 더 내야 했다. 나는 내 양심을 따랐지만, 혹독한 대가를 치렀다.

그래도 한 가지 고마운 점은 바로 군대를 경험했다는 것이다. 그 덕분에 한반도 갈등과 남북/북남 관계에 관심을 기울이게 됐고, 관련 분야의 학자가 되겠다는 꿈을 갖고 공부를 할 수 있었다. 이를 계기로 통일 논문 공모전에 참여했고, 그리하여 KAL858기 사건을 만났다.

그렇다면 이 모든 것이 어떻게 시작됐나? '고통'이라고 답하겠다. 군대에 있었을 때 계속되는 전쟁의 불행한 결과를 목격했다. 내 동기가 가혹행위 문제로 다른 부대로 전출을 갔다. 그는 후임병을 육체적·정신적으로 학대했다. 그는 나에게 친절하고 좋은 동기였다. 하지만 군대의 폭력적이고 위계적인 구조가 그를 변하게 만든 듯했다. 이 폭력 문제는 어제만의 일은 아니라고 생각한다. 지금도 적지 않은 사건들이 언론 보도로 전해진다. 이 동기가 떠나기 전 모든 소대원들이 내무반으로 불려 왔다. 모두가 내무반 침상 위에 일렬로 섰다. 내 동기만 침상 밑에 섰다. 나는 그를 바라봤고, 순간 어떤 깨달음이 왔다. '남북으로 갈라진 것도 서러운데, 그래서 우리가 이렇게 모였는데, 우리 안에서조차 이렇게 상처를 주고받는구나. 뭔가 분명히 잘못됐다.' 그렇다. 분단으로 고통을 받는 것 자체가 슬픈 일이었다.

그랬다. 그런데 그 갈등을 우리가 내면화해 서로에게 적이 되어가고 있었다. 가장 끔찍한 일은 나 역시 나중에 후임병에게 (심하지는 않았지만) 폭언을 하고 있었다. 내가 어떤 일을 했는지 깨달았을 때, 그 부끄러움은 이루 말할 수 없었다.

## 2011년 12월 19일, 평양

김정일 조선로동당 총비서, 국방위원회 위원장 및 조선인민군 최고사령관이 사망했다고 한다. 조선중앙통신(2011.12.19)에 따르면 12월 17일 아침 8시 30분이었고, 원인은 심각한 질병이었다. 북쪽 인민들은 이 갑작스러운 사실에 이루 말할 수 없는 슬픔에 빠졌다고 한다. 일본의 극우 언론이라 할 수 있는 ≪산케이신문≫은 김현희에게 연락했다. 그녀는 "언젠가 죽을 줄 알았지만 너무 빨라서 놀랐다. 대한항공기 폭파의 장본인이 사건을 인정하지도, 사죄하지도 않은 채 사망한 것은 실로 유감"이라고 했다(조홍민, 2011). 김현희는 자신의 일본 방문으로까지 이어진 납치 문제에 대해서도 의견을 표시했다.

"나는 그가 죽지 않는 한 납치 문제 해결은 어렵다고 말해왔다. 그가 죽었기 때문에 해결하기 쉬워졌으며 김정은도 이 문제를 해결하려 하지 않을까 생각한다." ⁂

내 어렸을 때 꿈 가운데 하나는 교사가 되는 것이었다. 그런데 고등학교 시절 선생님이 말씀하셨다.

"아니, 나는 네가 대학교수가 되기를 빈다."

선생님이 나의 교수 사직을 어떻게 생각하실지 궁금해졌다.

&#8269;

수업과 관련해 나는 학생들에게 동기를 부여하는 것을 아주 중요하게 생각했다. 그래서 새로운 학기마다 첫 수업 때 모든 학생을 대상으로 설문조사와 자기소개 시간을 마련했다. 나는 먼저 학생들에게 짧은 설문지를 작성해 달라고 했다. 질문은 왜 이 주제를 공부하기로 했는지, 수업에서 바라는 것은 무엇인지, 꿈이 무엇인지 등이었다. 그리고 이 설문지를 바탕으로 자기소개를 부탁했다.

학생들에 앞서 나도 자기소개를 했다. 그렇게 하면서 학생들에게 조금씩 다가갈 수 있었다고 생각한다. 내 경험으로는, 학생 대부분이 자기소개 시간을 좋아했다. 나는 첫 수업에서 이런 기회가 학기 내내 중요한 역할을 한다고 믿었다. 이와 관련해 내가 특별히 신경 쓴 일이 있는데, 학기가 끝나고 성적을 알려줄 때 학생들이 말했던 동기와 꿈을 상기시키는 것이다. 예컨대 "꿈이 ○○○라고 했는데 그 꿈이 이루어지길 빕니다"라고 해준다. 학생들의 강의 평가와 감사 편지로 보건대, 다행히 나의 노력은 좋게 받아들여졌다.

그렇더라도 어려운 점은 있었다. 새로운 학기가 또 시작됐을 때, 나는 이전처럼 자기소개 시간을 마련했다. 별다른 문제없이 진행됐다. 그런데 학생 절반 정도가 소개를 끝냈을 때, 한 명이 언짢아 보이는 얼굴을 하고 있었다. 나를 한번 보더니 옆에 있는 학생에게 뭔가 속삭였다. 나는 생각했다. '아마 이 시간이 불편한 모양이구나.' 다른 학생들은 순서에 맞춰 자기소개를 했다. 문제의 학생은 이제 책상에 얼굴을 묻었다. 불길했다. '아마 지루한 모양이구나.' 그러다 갑자기 그 학생이 일어나더니, 잔뜩 찌푸린 얼굴로 강의실 문 쪽으로 걸어갔다.

"쾅!"

그렇게 문을 닫고 밖으로 나가버렸다. 나는 놀랐고, 선생으로서 당황했다. 그래도 자기소개 시간을 계속 진행했다. 그러면서 어쩌면 내가 학생들에게 소개를 강요했을 수도 있다고 생각했다. 꿈이 꼭 있어야 한다고 부담을 준 듯싶기도 하고. 그래, 어떤 학생은 부담스럽게 느꼈을 수 있다. 몇 분이 지나고, 그 학생이 들어왔다. 자리로 돌아가는 동안 뭐라고 투덜댔다. 나는 서둘러 수업을 끝냈다.

그 뒤로 나는 수업 때마다 위협을 좀 느꼈다. 그 학생은 거의 늘 수업에 왔고, 거의 늘 공격적이었다. 내가 강의를 할 때 나를 보며 비웃기도 했다. 나는 이 학생을 최대한 피하고 싶었다. 학생들 앞에서 무슨 말을 할 때, 나는 오른쪽을 보며 말했다. 그 학생이 늘 왼쪽에 앉았기 때문이다. 보통 수업 말미에 단체 토론을 했다. 그 학생이 속한 조원들에게 질문할 차례가 왔을 때, 나는 문제의 학생과는 눈을 마주치지 않았다. 그러면서 생각했다. '내가 지금 뭘 하고 있지? 왜 내가 학생을 무서워해야 하나?' 참 괴로웠다.

이제 학기가 절반 정도 지났고, 중간 평가 시간이 다가왔다. 평가 형식은 발표였다. 은근히 나는 그 학생의 발표가 걱정됐다. 이와 동시에 어떤 주제로 말할지 궁금하기도 했다. 차례가 되자 그는 비교적 발표를 잘했다. 그런데 학생이 들어가며 중얼거렸다.

"○○, 내 발표 싫어하네."

나는 이 학생이 내 앞에서 욕설을 했다는 것이 믿기지 않았다. 모욕적이었지만 못 들은 척했다. 그러면서도 생각했다. '내가 뭘 잘못했나? 뭔가 말을 해야 하지 않을까?' 고민스러웠다. 일어나서 학생들을 바라보며 말했다.

"자, 그럼 다음 순서 …….."


그러면 나는 어떻게 수업을 어떻게 진행했는가? 영국에서의 첫 수업은 이랬다.

"자 ……, 모두들 환영합니다. 와주셔서 고맙습니다. 오늘은 우리의 첫 수업이고요. 그래서 먼저 몇 가지 말씀드릴 것이 있습니다. 음, 제 이름은 박강성주인데요, 그냥 성주라고 불러주세요. 만약 박강성주 교수님 이렇게 부르면 …… 밖으로 쫓아낼 거예요!"

학생들이 웃었다.

"아셨죠? 그러니까 그냥 성주라고 부르세요."

나도 웃었다.

"그럼 짧게 질문 하나 하겠습니다. 여러분들 언제 도착했죠? 이번 학기에 말이에요."

몇몇 학생이 대답했다. 한 달 전, 일주일 전, 3일 전이라고.

"네, 좋습니다. 저의 경우는, 어제입니다."

잠시 멈춘다.

"자세히 말하고 싶지는 않지만, 수업이 오늘인데 저는 어제 도착했습니다. 불행히도, 이 말은 수업을 준비할 시간이 별로 없었다는 겁니다. 그래서 이번 학기 수업을 들으면서 실망할 수도 있어요. 만약 그렇다면,

미리 사과를 합니다."

특별한 반응이 없었다.

"하지만! 이 말은 꼭 하겠습니다. 저는 최선을 다하도록 노력할 겁니다. 아셨죠?"

나는 손짓을 하며 강조했다.

"그리고 …… 지금 결정해야 할 일은, 주어진 시간에 무엇을 할 것인지입니다."

잠시 멈추고 학생들에게 물었다.

"혹시 이 말 들어보신 분?"

강의실을 거닐며 물었다.

"아무도 없나요?"

답이 없었다.

"간달프! 〈반지의 제왕〉 모르세요?"

나는 파워포인트 자료에서 간달프 사진을 보여줬다. 학생들이 웃었다.

"네, 그래서 저는 어제서야 도착했습니다. 하지만 간달프가 말했듯, 저에게 주어진 시간에 최선을 다하겠습니다. …… 아셨죠?"

학생들이 웃었다.

"좋아요. 그럼 강의계획서를 보도록 합시다. 계획서는 여기에 있습니다. …… 자, 모두 받으셨죠?"

학생들이 고개를 끄덕였다.

"그럼 같이 봅시다. 다만, 제가 어제 도착했기 때문에 계획서가 다 완성되지는 않았어요. 그래도 기본적인 사항들은 있으니 한번 살펴봅시다."

나는 수업 일정, 자료 목록 등을 설명했다.

평가와 관련해서는 다음과 같이 말했다.

"저는 여러분들의 지적 능력을 평가하지 않겠습니다. 그냥 이렇게 말할게요. 여러분이 최선을 다하면, 여러분들 발표에서 그걸 볼 수 있습니다. 여러분이 최선을 다하면, 여러분들 보고서에서 그걸 읽을 수 있습니다."

나는 강의실을 한번 가로질러 걸었다.

"고리타분한 말로 들릴 수 있겠지만, 여러분의 땀은 여러분을 배신하지 않습니다. 최선을 다하면 그만큼 얻게 됩니다. 다만, 늘 그렇지는 않을 수 있어요. 하지만 그렇더라도, 언젠가 어떤 방식으로든 돌아올 겁니다. 제가 직접 경험해 봐서 압니다. 여러분의 땀은, 배신하지, 않습니다 ……."

나는 단어 하나하나를 강조했다.

"아셨죠? 자, 그럼 더 구체적인 내용은 나중에 알려드리겠습니다. 지금은 이거 하나만 기억하세요. 최선을 다하십시오. …… 여러분의 땀은 배신하지 않습니다."

두 번째 수업.

"네, 여러분. 다시 뵙게 되어 반갑습니다. 와줘서 고맙습니다. 오늘은 이 사진으로 시작을 하겠습니다."

내 발표 자료는 어느 대학교 연구소의 상징물을 보여준다. 영어로 "Center for Korean Studies", 한글로는 "한국학연구소"라고 써 있다.

"지금 무엇을 보고 있는지 말해줄 수 있는 사람?"

대답이 없었다.

"혹시 이 한글 읽을 수 있는 사람 있나요? 만약 없다면, 영어는 어떤가요?"

한 학생이 대답했다.

"Center for Korean Studies?"

"맞습니다!! 고맙습니다!"

학생은 써져 있는 문구를 읽었을 뿐이다. 어렵지 않았다. 하지만 나는 다른 이의 참여를 이끌어내기 위해 큰 목소리로 칭찬했다.

"그러면 Korean Studies와 한국학의 차이는 뭘까요?"

"발음이 달라요."

똑같은 학생이 답했다.

"네, 물론이죠! 고맙습니다. 그런데 좀 더 가볼까요? 발음 외에 또 차이가 있습니다. Korean Studies와 한국학 ……. 혹시 아는 사람?"

대답이 없다.

"한국학은 Korean Studies의 번역인 것 같은데요."

이윽고 답변이 나왔다.

"네, 좋아요. 고맙습니다! 이제 거의 다 왔어요. 한국학은 영어인 Korean Studies의 번역인 것이죠. 자, 혹시 여기에서 더 나갈 수 있는 사람?"

나는 강의실을 가로질러 걸었다. 아직 대답이 없다.

"자, 그럼 제가 도움말 하나를 드리죠. 한국어/조선어에서 '한국'은 남한, '학'은 연구를 가리킵니다. 한국은 남한, 학은 연구 ……. 혹시 제가 무슨 말을 하려는지 아는 사람?"

나는 손을 위아래로 움직이며 학생들의 참여를 유도했다.

"한국학은 남한학?"

"네!! 드디어. 고맙습니다. 바로 그래요. 그러니까 이겁니다. 한국학은 영어로 South Korean Studies로 번역이 되어야 하죠. 하지만 사진을 보셨듯 그게 아니에요. 그냥 Korean Studies죠. 왜냐? 학계에서는 보통 Korea

가 두 개의 Korea가 아닌 남한을 대변하기 때문입니다. 남한이 보편으로서의 Korea를 뜻하고 있는 거죠."

다음 자료를 보여주었다.

"여기 '생각을 위한 음식'이라는 제목의 화면에서 볼 수 있듯이, 번역 문제는 지식이 어떻게 구성되는지에 대해 말해준다고 할 수 있습니다. 이는 전문 용어로 '위치성'이라고 부릅니다. 여러분이 어떤 위치에 있느냐에 따라 상황이 달라지는 거죠. 북쪽에서 Korean Studies는 조선학이라고 합니다. 남쪽에서는 한국학이라 하고요. 그리고 보셨듯이, 학계에서 Korean Studies는 보통 한국학으로 번역됩니다. 그래서 이런 경합성이 있다는 것이죠, 지식에 스며 있는 권력관계."

계속하기 전 잠시 멈췄다.

"제가 지금 Korean Studies를 한국학으로, 또는 조선학으로 불러야 한다, 이렇게 말하려는 게 아닙니다. 핵심은 …… 어떻게 부르든 지식의 경합적인 속성에 주의해야 한다, 이 말입니다. 아셨죠?"

몇몇 학생들이 고개를 끄덕였다.

"그나저나, 생각을 위한 음식."

나는 화면 제목을 가리킨 뒤, 앞 책상 위에 있는 바나나를 가리킨다. 학생들을 위해 내가 직접 사 왔다.

"진짜 음식도 여기 있으니, 배고프면 드세요."

학생들이 웃었다.

"좋습니다. 그럼 다음으로 넘어가기 전에 한 가지 더 있습니다. 음 ……. 어떤 분들은 지금 제가 하는 말을 좋아하지 않을 텐데요, 오늘 이 발표 자료를 강의 누리집에 올리지 않을 겁니다."

잠시 멈췄다.

"왜일까요? 위치성 이야기로 돌아가면, 이 발표 자료는 오늘 수업 읽기 자료에 대한 저의 해석과 정리입니다. 그래서 저의 위치성이 들어 있는 거죠. 물론, 저는 최대한 '객관적'으로 정리하려고 했습니다. 하지만 지식의 경합성을 고려하면, 이 자료는 저의 어떤 관점에 따라 걸러진 거라 할 수 있어요. 그래서 올리지 않겠다는 겁니다. 여러분들은 제가 정리한 자료에 갇혀서는 안 돼요. 여러분들이 직접, 책과 논문을 읽어야 됩니다. 그러지 않으면 저의 해석이 여러분의 이해를 압도하게 되거든요. 그러니 수업에 들어오기 전에 꼭 먼저 읽고, 자신만의 해석과 정리를 미리 해볼 필요가 있습니다. 아셨죠?"

아주 적은 수의 학생들만 고개를 끄덕였다.

"물론, 여러분 가운데 자료를 받고 싶은 분도 있을 겁니다. 그러면 저한테 알려주세요. 제가 전자우편으로 보내드리겠습니다. 하지만 원칙적으로는 누리집에 올리지 않겠습니다. 이해가 되시나요?"

더 많은 학생들이 고개를 끄덕였다.

"좋아요! 이해해 주셔서 고맙습니다. 그럼 다음으로 넘어가죠."

세 번째 수업.

"여러분 환영합니다. 와주셔서 고맙습니다."

나는 강의실을 가로지른다.

"오늘은, 다른 선생님들이 절대로 하지 않을 말로 시작할까 합니다."

나는 강의실 앞으로 돌아와 학생들을 바라봤다.

"저를 믿지 마십시오."

나는 멈춘다. 누군가 웃었다.

"여러분, 제가 하는 말을 믿지 마십시오 ……."

학생들이 나를 본다.

"제가 그 까닭을 좀 말씀드리겠습니다. 지난 수업 시작하면서 얘기했던 것 기억하시나요?"

"바나나요!"

모두 웃었다.

"그렇죠, 바나나! 고맙습니다. 그러니까 '생각을 위한 음식' 대목에서 위치성에 대한 이야기를 했습니다. 그렇죠? 지식 생산의 경합적인 속성."

나는 강의실 중앙에 섰다.

"지난주에 보여드린 제 발표 자료도 그렇지만, 제가 강의실에서 말하는 모든 것은 여러 가지 해석에 열려 있습니다. 제 이야기를 그대로 받아들여서는 안 되고요. 모든 것은 어떤 형태로든 경합적입니다. 그 어느 것도 고정돼 있지 않아요. 그래서 제가 '저를 믿지 마세요'라고 할 때는, 제 개인에 대한 것이 아닙니다. 그러니까 개인으로서의 성주에 대한 말이 아니에요. 이 말은 경합성의 정치학, 위치성에 관한 이야기입니다. 여러분은 여러분만의 의제를 만들어야 합니다. 여러분만의 고유한 해석을 해야 해요. 원하시면, 제 말을 하나의 디딤돌로 삼을 수는 있어요. 하지만 그것 이상으로 받아들이면 곤란합니다. 이 말도 이해가 되시나요?"

몇몇 학생이 고개를 끄덕인다.

"좋습니다. 그럼 지난주처럼 먼저 '생각을 위한 음식'으로 시작을 하죠. 그리고 중요한 점 하나, 바나나가 여기 있습니다!"

그렇다. 수업이 좋았다. 하지만 수업 환경의 관료주의적 속성 때문에 때로 고민했다. 업무용 전자우편으로 학교에서 보내는 편지를 정말 많이 받았다. 그 가운데 하나는 일주일마다 도착하는 출석 점검과 관련한 편지였다.

"다음 학생들은 예정된 행사에 참석하지 않았다고 '학생 출석 관찰 정책'에 따라 보고됐습니다 ……."

모든 학생은 학생 카드가 있어 수업 때마다 단말기에 카드를 찍어야 했다. 그러지 않을 경우 결석으로 보고된다. 이 모든 정보가 모아져 각 학생의 결석률이 계산됐다. 그 결과는 학생들의 담당 선생에게 전달된 다. 이런 과정을 거쳐 모든 학생의 참석 현황이 자동으로 기록됐다. 정 말 편리했다. 하지만 나는 마치 학생들을 관찰하도록 강요받는 듯했다. 더 세게 말하면, 학생들을 감시하는 듯했다. KAL858기 사건을 오래 고 민해 온 연구자로서 나는 감시 또는 이와 관련한 문제에 민감하다. 물론, 엄격히 말해 출석 점검은 감시가 아니었다. 하지만 선생의 입장에서 나 는 꼭 감시자가 된 듯했다.

학생들의 출석 확인은 물론 필요했다. 이는 학생들 명단을 보면서 직 접 확인할 수도 있다. 나의 경우, 학생들 이름 하나하나를 부르면서 눈을 맞추고 얼굴을 기억한다. 이러면서 학생들을 조금씩 알아간다. 그런데 학생 수가 많을 때는 문제가 될 수 있다. 예컨대 100명이 넘을 경우, 이 때도 학생들이 자신의 출석을 (양심에 따라) 직접 확인하는 방법이 있다. 그렇지만 전자장치를 사용하면 이런 전통적인 방법은 쓸 수가 없다. 그 래도 어떤 점에서는 전자장치가 자동으로 확인해 주기 때문에 편리할 수 있다.

문제는 이 장치가 완벽하지 않다는 것이다. 어떤 강의실 앞을 지나가 면서 몇몇 학생의 좋지 않은 행동을 우연히 봤다. 바로 문 앞에 있는 단 말기에 카드를 대 출석 확인만 하고 어디론가 달아났다. 자동 장치에는 분명히 출석했다고 기록됐지만, 그들은 수업에 참석하지 않았다. 이를 떠나 카드가 제대로 작동하지 않을 때도 있었다. 단말기에 카드를 댔는 데도 결석했다고 나왔다. 또는 학생들이 카드를 가져오지 않는 경우도 있다. 이 역시 결석으로 기록됐다.

내가 개인적으로 맡은 학생들은 30명이 넘었다. 모두가 그러지는 않았지만, 때로 출석 기록을 고쳐달라고 연락해 오는 학생들이 있었다. 카드가 고장 났다고 했다. 이게 끝이 아니다. 이 잘못된 기록을 바탕으로 결석률을 계산하고, 그래서 기준치를 넘으면 해당 학생들은 경고를 받았다. 그러면 그 학생을 담당하는 선생은 면담을 한 뒤 결과를 보고해야 했다. 문제는, 이 경고가 전달되기도 전에 학생들이 이미 학교에 연락해 왜 결석으로 처리됐는지 설명한 경우가 많았다. 그런데 이상하게도 잘못된 기록은 고쳐지지 않고 그대로 남아 있었다. 이렇다 보니 학생들은 다음에 더 높은 수준의 경고를 받았다. 그래서 감시 문제와는 별도로, 나는 자동장치를 믿지 않았다. 또한 그다지 효과적이지 않은 기록을 매주 전달받는 것도 마땅치 않았다. 다른 선생님들은 좋게 생각했을 수 있다. 그렇지만 나는 이 제도가 탐탁지 않았다. 관료주의적으로는 편한 면도 있겠지만.

내가 처음 여기에 도착했을 때, 좀 다른 맥락에서 비슷한 느낌을 받았다. 새내기 교수로서 학기 시작 전 나의 최우선 과제는 강의계획서를 만드는 일이었다. 물론 나는 계획서를 어떻게 쓸지 대략 생각하고 있었다. 그런데 일은 훨씬 복잡했다. 무엇보다 양식에 따르면 분량이 너무 길어졌다. 보통 20쪽이 넘어갔다. 학생에게 필요한 정보가 거의 들어가야 한다는 이유였던 듯싶다. 동의한다. 하지만 강의계획서가 20쪽을 넘어갈 때는 이야기가 달라진다. 행정 관련 사항이 너무 구체적으로 들어 있었다. 그런데 더 심각한 것은 계획서가 굉장히 기계적으로 구성되어 있다는 것이다. 강의 관련 개요, 평가 방법과 비율 등을 포함한 내용은 바꿀 수 없었다. 심지어 참고 자료도 바꿔서는 안 되었다. 물론, 원칙적으로는 바꿀 수 있지만, 시간이 충분히 없을뿐더러 권장하지 않는 일이었다.

엄청난 분량의 서류 업무와 아주 긴 허가 절차를 거쳐야 했기 때문이다.

얼핏 봤을 때 내가 고칠 수 있는 유일한 부분은 수업 일정이었다. 담당 교수의 자율성은 거의 보장되지 않았다. 그래도 좋은 점이 있긴 했다. 수업 운영의 지속성과 안정성이었다. 그리고 과목 담당자는 계획서를 어떻게 쓸까 깊이 고민할 필요가 없었다. 그냥 주어진 양식만 따르면 됐다. 강의계획서 만들기는 아주 쉬웠다. 대부분 '복사하기'와 '붙이기'만 반복하면 끝났다. 여기에서 핵심은 개인으로서의 교수는 중요하지 않다는 점이다. 담당 교수는 '복사하기'와 '붙이기'를 하듯 언제나 쉽게 대체될 수 있었다. 그래서인지 강의계획서 양식은 개인의 창의성, 유연성, 관심 분야를 거의 무시하고 있었다. 수업 담당자는 정기적으로 교체될 수 있는 도구였다. 건전지처럼 빨리 갈아 끼울 수 있는, 그리고 쉽게 버릴 수 도구 말이다. 여기에서 중요한 것은 생산성, 획일성 그리고 행정 지침이었다.

이런 문제를 떠나, 나는 수업을 위해 최선을 다했다. 예컨대 나는 수업 일기를 썼다. 수업 준비는 이 일기를 쓰는 것으로 시작된다. 바로 대략의 계획을 적어보는 방식이다. 그런 다음 수업에 쓸 발표 자료를 만든다. 이 자료는 수업 직전까지 계속 다듬는다. 어느 정도 만족할 수준이 되면 자료를 출력한다. 그리고 그 종이에 해야 할 말을 적는다. 한 마디, 한 마디 구체적인 내용이 아니라 대략의 내용을.

여기에는 (꼭 기억해야 할) 농담까지 포함됐다. 그리고 나서 학생들에게 건넬 출력물을 준비한다. 때로 중요하게 이야기할 별도의 정보가 있어서였다. 이렇게 자료를 직접 나눠주면 학생들이 좀 더 신경을 쓰리라 믿었다. 그러면서 나는 이렇게 덧붙였다.

"이 자료들을 꼭 읽고 활용했으면 합니다. 그러지 않으면, 우리는 출력에 쓰인 나무와 환경을 낭비하게 돼요. 참 안타깝죠. 그러니 제가 죄책감을 갖지 않게 여러분이 도와주었으면 합니다. 아셨죠?"

그다음 또 중요한 일은, 바나나 준비였다, 과일 바나나. 비록 내 잘못은 아니었지만, 늦게 입국했기 때문에 수업 준비에 어려움이 있었다. 제대로 준비되지 않은 수업은 내 자신을 부끄럽게 만들 것이 뻔했다. 그러나 최종 '피해자'는 결국 학생들이 되지 않겠는가. 수업 시작 전부터 이런 미안함을 가졌던 나는 학생들에게 뭔가 좋은 일을 해주고 싶었다. 음식이나 과일을 생각하게 된 배경이다. 나는 가게에서 가장 맛있게 생긴 바나나를 고르려 애썼다. 여기저기 살펴보며 꽤 까다롭게 골랐다. 만약 내가 먹으려고 샀다면 그렇게까지 까다로울 필요는 없었다.

그렇게 바나나를 사가지고 강의실로 갔다. 먼저 나는 바나나를 강사가 사용하는 책상 근처에 (출력물 자료와 함께) 몰래 숨겼다. 여기에서 중요한 것은 시점이었다. 아무도 없을 때, 곧 강의실이 비어 있을 때라야 했다. 왜냐하면 강의를 사전 연습해야 했기 때문이다. 그렇다. 나는 앞에 홀로 서서, 학생들이 수업을 듣고 있다고 상상하며 입을 연다.

"여러분 환영합니다! 와주셔서 고맙습니다."

아니, 좀 다르게 하면 어떨까.

"여러분 와주셔서 고맙습니다. 환영해요!"

음……, 이건 어떨까.

"안녕하세요, 환영합니다! 와주셔서 고맙습니다."

때로 나는 손동작도 함께 연습한다. 강의실 한가운데를 가로지르며 학생들이 앉아 있다고 생각하면서 왼쪽, 오른쪽을 번갈아 본다. 이런 식으로 연습을 한 뒤 연구실로 돌아와 좀 쉰다. 그리고 발표 자료와 내가 써놓은 지문을 다시 읽으며 계속 수정한다. 수업 시작 15~20분 전, 그러니까 학생들이 들어오기 전, 나는 강의실로 가서 화면에 발표 자료를 띄운다. 그리고 숨겨둔 바나나와 출력물을 맨 앞 책상에 놓아둔다. 그래서 학생들이 오면 이런 느낌이 들도록 한다. '와, 벌써 준비가 됐네.'

수업 시간이 되면 나는 최선을 다한다. 이때쯤이면 발표 자료를 수없이 봤기에 외울 정도가 된다. 그래서 화면을 거의 보지 않고도 대부분 자연스럽게 얘기할 수 있다. 쉬는 시간을 갖기 전 학생들에게 묻는다.

"혹시 질문 있습니까?"

만약 질문이나 의견이 있으면 자유롭게 논의한다. 그렇지 않을 경우, "질문 없으면 10분 동안 바나나 드세요!"라고 말한다. 그러고 나서 나는 화장실에 가거나 바람을 쐬러 나간다. 나머지 수업 시간을 어떻게 진행할지 생각한다. 아니면 화장실 빈 공간에 앉아 수업 관련 자료를 본다. 휴식 시간 뒤 나는 또 최선을 다한다. 내 이야기가 끝나면 학생들의 토론을 유도한다. 보통 참석자들을 작은 조로 나눈다. 각 조별로 토론을 마치면, 모든 조들이 같이 토론을 한다. 각 조가 서로의 의견을 나누고 나에게 질문도 하도록 유도한다. 여러 의견이나 질문 가운데 내가 다루기 어려운 것들이 있을 수 있다. 그러면 그 문제들을 고민한 뒤 다음 수업 시간에 설명하곤 했다. 수업이 끝나고 학생들이 나가면 빈 강의실에 잠깐 남는다. 눈을 감고 잠시 명상을 한다. 나는 수업 일기에 강의가 어떻게 진행됐는지 기록한다. 잘됐다면 왜 그런지, 잘되지 않았다면 왜 그런지. 그리하여 수업 일기에서 바나나, 수업 연습, 다시 수업 일기까지, 나는 이런 형식으로 수업을 해왔다.

성탄절 연휴 전 마지막 강의 기간에 나는 연구실에서 수업을 준비하고 있었다. 평소대로 바나나는 이미 사두었다. 이번에는 성탄절이라서 작은 케이크를 더 준비했다. 모든 게 준비됐고, 수업 자료를 정리하고 있었다.

"똑똑."

노크 소리가 들렸다. 누군가 연구실 밖에 서 있는 듯했다. 천천히 연구실 문을 열었다.

"어, 안녕하세요! 어서 와요."

내 수업을 듣는 학생 두 명이 보였다.

"선생님, 방해해서 죄송한데요, 이걸 드리고 싶어서요."

성탄절을 상징하는 빨간색과 흰색 종이로 포장된 무언가를 내밀었다.

"그리고 이것도요."

손으로 직접 만든 카드였다. 얼마나 놀랐는지! 정말 뜻밖이었다. 몸이 마비될 지경이었다.

"와 ……, 정말 뭐라고 말을 해야 할지. 정말 고마워요, 진짜로 …… 놀랐습니다. 고맙습니다!"

한국 사람들이 보통 그러지 않듯, 나는 선물과 카드를 그 자리에서 꺼내보지 않았다. 선물을 준 사람 앞에서 선물을 확인하는 것은 한국의 관습이 아니다. 그 대신 나는 연구실 문을 닫았다. 뭘 어떻게 해야 할지 몰랐다. 그래도 기대가 됐다. 나는 먼저 포장된 선물을 책상 위에 올려놓았다. 손가락으로 살짝 눌러본다. 부드러운 느낌. 흠 ……, 도대체 무얼까? 너무나 떨려 심장 소리가 들리는 듯했다. 그리고 드디어, 조심스럽게 포장지를 뜯어낸다. 아주 천천히, 거의 손상되지 않게 말이다.

내 앞에 나타난 것은, 크리스마스 나무. 진짜 나무는 아니고, 옷에 새겨진 나무였다. 짙은 파란색 바탕 옷에는 눈이 내리고 있었다. 맨 밑에는 여러 색깔로 포장된 선물들이 보였다. 그리고 나무 꼭대기에 노란색으로 된 뭔가가 있었다. 음악을 상징하는 작은 단추였다. 호기심에 단추를 눌렀다.

"랄랄라 랄랄라 랄랄랄랄라 ……."

크리스마스 캐럴이었다! 기쁨에 가득 찬 나는 카드도 읽어봤다. 귀여운 그림이 보였는데 학생들이 그린 듯했다. 더 중요하게는, 학생들 이름이 한글로 쓰여 있었다. 그리고 이 문구, "고맙습니다". 참으로 놀랐다. 너무나 감동이고 영광이어서 나는 옷과 카드에 입을 맞췄다. 몇 시간 뒤 수업이 시작됐다. 나는 강의실에 수줍게 서 있었다. 바로 그 크리스마스 옷을 입었다. 학생들이 웃었다. 어떤 이들은 휴대전화로 사진을 찍기도 했다. 그날 수업은 크리스마스 캐럴로 시작했다.

나는 가르치는 것이 좋았다. 처음에는 이 일이 부담스러웠다. '내가 누구에게 강의할 정도로 잘 알고 있을까?' 스스로에게 물었다. '내가 학생들에게 모범이 될 만큼 좋은 사람인가?' 좀 의심스러웠다. '학생들이 나를 싫어하면 어쩌지?' 그래, 나는 민감했다. '내 영어는?' 나에게는 외국어다. 그래서 나는 준비하고 연습했다. 학생들이 강의실에서 웃을 때 나는 기뻤다. 학생들이 나의 말을 받아 적을 때 나는 존중받는다고 느꼈다. 수업 준비를 하며 뭔가를 배워갈 때 나는 즐거웠다. 한 마디로 나는 나를 선생 또는 교수로 생각하지 않았다. 그저 무언가를 나누는 사람으로 생각했다. 나는 내가 가르치고 있다고 생각하지 않았다. 배우고 있다고 생각했다. 나눔과 배움으로서의 가르침은 나를 훨씬 편하게 해주었다.

그리고 나는 창의적으로 가르치기 위해 노력했다. 오래된 역사를 이야기할 때 좀 다른 방식으로 하고 싶었다. 그래서 강의실에 특별한 물건을 가져왔다, 한국 동전과 지폐. 역사적으로 중요한 인물이나 사물이 새겨져 있다. 나는 학생들이 돈을 서로 돌려보도록 했는데, 그들이 흥미롭게 관찰하고 있다는 것을 알 수 있었다. 심지어 나는 노래도 불렀다. 일본의 식민지배와 관련한 노래, 그 유명한 「아리랑」이다. 나는 결코 빼어난 가수가 아니었지만, 학생들은 박수를 쳐주었다. 이 모든 것들은 내가 가르치는 일에 뭔가 재능이 있다고 믿게 했다.

좀 골치 아픈 일도 있었는데, 시험 점수였다. 오해하지 않았으면 한다. 나는 학생들의 과제를 기꺼이 읽었다. 즐거웠다. 학생들 글에서 많이 배웠다. 학생들 발표를 들으며 그들에 대해 더 알게 됐다. 나의 의견을 말해주는 일도 괜찮았다. 내가 그들에게 얼마만큼 신경 쓰고 있는지를 보여줄 수 있는 기회였으니, 학생들에게 내가 했던 실수를 어떻게 하면 안 할 수 있는지 말해주었다. 그리고 학생들이 다음과 같이 말할 때 기뻤다.

"구체적으로 말씀해 주셔서 고맙습니다!"

그래, 의견을 주고 학생들의 반응을 얻는 것은 내게 동기부여가 됐다. 그러나 숫자로 하는 심사는 정말 힘들었다. 그 이유는 어떤 형태로든 학생들을 평가해야 했기 때문이다. 마치 학생들을 한 줄로 세우는 듯했다. '여러분, 모두 똑바로 서요! 거기, 여기, 저쪽에 계시는 분, 앞으로 나오세요. 그리고 다른 분들은 뒤로 물러서세요.'

학생들을 숫자 취급하는 것은 위계적인 과정이다. 나는 이 일이 불편했다. 박사 과정생으로 수업 조교를 했을 때 점수 매기는 일을 처음으로 했다. 그때 점수 주는 일을 싫어하기 때문에 나중에 교수가 되기는 어렵겠다고까지 생각했다. 숫자로 점수를 주지 않고 평가할 수 있기를 바랐다. 의견을 다는 것만으로 충분하지 않을까.

৪০

결국 나의 공감적 접근법은 효과가 있었다. 첫 학기가 끝날 무렵 몇몇 학생들에게 아주 좋은 말을 들었다. 그리고 얼마 뒤, 단과대학장이 어느 학생의 전자우편을 내게 전달했다. 나를 우수교육상 후보로 추천한다는 내용이었다.

"이 교직원은 단순히 자료를 바탕으로 강의하기보다 토론을 적극 유도한다는 점에서, 그의 말을 받아들이라고 하기보다 스스로의 학습을 권장한다는 점에서 다른 많은 교수들과 다릅니다. 그는 학생들을 잘 보살피고 강의실을 토론하기 좋은 장소로 만듭니다. 그는 학생들을 위해 바나나도 들고 와요! 훌륭한 선생님입니다."

진심으로 영광스러웠다.

그렇지만 모든 학생들이 같은 생각을 하지는 않는다. 두 번째 학기에는 학생들의 불만이 접수됐다. 무엇보다 내가 수업 자료를 누리집에 올리지 않는 것이 학생들을 생각하지 않는 처사라는 불만이었다. 학생들을 생각하지 않는다 ……. 슬펐다. 나는 자료를 올리지 않는 이유를 수업 시간에 이미 설명했다. 하지만 상관없다. 중요한 것은 학생들의 생각이었다. 만약 학생들이 내가 그들을 배려하지 않는다고 느꼈다면, 결국 나의 책임이다. 마치 나는 …… 탄핵당한 기분이었다. 학생들을 더는 볼 수 없을 듯했다. 내가 무슨 말을 하든 학생들은 귀 기울이지 않으리라. 날 신뢰하지 않기 때문에 ……. 나는 용기를 잃었다.

그래도 최소한의 해명이라도 하기 위해 접수된 불만과 관련해 그들과 대화를 해보기로 했다. 나는 해명하려 노력했다. 오해를 풀고 싶었다. 놀랍게도, 몇몇 학생들에게서 전자우편을 받았다. 그들에 따르면 모든 학생들이 같은 생각을 하지는 않았다. 그들은 내가 학생들을 배려한다는 것을 상징적으로 보여주는 바나나에 감사했다. 내 마음을 아프게 한 것도 학생이었지만, 그 아픈 마음을 아물게 해준 것도 학생이었다.

# 2012년 6월 18일, TV조선

나는 김현희가 이 방송에 나온다는 소식을 처음 듣자마자 좋지 않은 느낌을 받았다. KAL858기 실종자 가족들은 김현희를 오랫동안 만나고 싶어 했으나, 가족들은 그녀의 주소를 몰랐다. 경찰과 국정원 등의 보호를 받아왔기 때문이다. 그들은 기자회견 또는 국정원 앞에서 집회를 하며 여러 가지 방식으로 요구했다. 하지만 어떤 답변도 들어보지 못했다. 그런데 김현희가 텔레비전에 나온다고 했다. 실종자 가족들은 어떻게 생각할까?

이와 동시에 나는 궁금했다. '왜 하필 이 방송인가?' 이 방송사는 한국의 "1등 신문"으로 홍보되는 보수언론 ≪조선일보≫ 소유였다. 이 언론은 KAL858기 진상규명 운동을 때로는 친북, 극좌운동의 하나라는 맥락으로 자주 공격해 왔다. 즉, 이 언론은 KAL858기 수사 결과의 강력한 옹호자라 할 수 있었다. 사실 1989년 김현희와 세계 최초로 인터뷰를 한 언론이기도 하다. 안기부의 도움으로 이루어진 이 단독 만남은 같은 언론사가 소유한 ≪월간조선≫에 보도됐다. 그래서 김현희가 방송에서 할 말이 가족들을 아프게 하리라는 점을 나는 쉽게 예상했다.

나중에 방송을 확인했는데 시작부터 문제가 있어 보였다. 초대 손님 김현희를 환영하는 대목이었는데, 마치 토크쇼에 연예인이 출연할 때 나올 법한 음악이 흘렀다(TV조선, 2012.6.18). 김현희는 이 음악이 나오는 동안 스튜디오로 들어왔다. 진행자 두 명이 김현희를 맞이했고, 서로 악수를 했다. 1997년 김현희가 결혼한 뒤 처음으로 방송에 나온 것이었다. 김현희는 오랜만에 국내 방송에 나왔다며 먼저 KAL기 사건으로 돌아가신 분들과 그 가족들에게 사과하고 용서를 빈다는 말로 시작했다.

방송은 2부로 이루어졌는데 1시간가량 계속됐다. 남성 진행자는 김현희에게 사면된 뒤 어떤 활동을 해왔는지 물었다. 다음과 같은 취지의 답변이 이어졌다.

"북쪽이 아직까지 KAL기 사건을 인정하고 있지 않아서 대한민국이 저를 이렇게 살려주셨다. 나는 그래서 이 사건의 진실에 대해 말하는 것이 내가 해야 할 사명이라고 생각한다. …… 처음 사면 소식을 들었을 때 '내가 살아도 되나?'라는 생각이 들었다. 그때 나는 하느님에 대해 공부하고 있었는데 살 수 있게 된 것에 감사했다. 이제 이것을 어떻게 갚아야 하나, 이런 생각을 했다."

김현희는 살짝 웃으며 아래를 봤다. 그리고 침을 부드럽게 삼켰다.

ନ

"……."

나는 방송의 첫 부분부터 말문이 막혔다. 그 멜로디, 음악 ……. 수사 결과에 따르면 김현희는 테러범이다. 수많은 이들이 이 폭파범 때문에 죽었다. 그런데 지금 그녀는 인기 연예인이 된 듯하다. 물론 그 음악은 김현희 잘못이 아니다. 그렇더라도 너무했다. 이를 떠나 방송 관련해 의문점이 많았다. 예컨대 김정일의 친필 지령으로 비행기를 폭파했다는 대목을 보자. 널리 알려진 내용 가운데 하나면서 아주 중요한 부분이다. 이번 방송에서도 이 말이 나왔다. 그런데 핵심은 증거가 없다는 점이다. 오직 김현희의 진술을 바탕으로 한 내용이다. 이를 뒷받침해 줄 물증이 없다. 물론 이 진술이 맞을 수도 있지만, 의문을 갖는 것은 나만이 아니다. 심지어 외국의 관리 역시 비슷한 생각을 했다. 나는 정보공개 청구로 호주 외교부의 비밀문서를 얻었다. 친필 지령 부분에 외교부 관리가 손으로 다음과 같이 적었다(DFAT, 1988: 166).

"핵심적인 부분, 하지만 증거가 있는가?"

김현희 여권도 다시 볼 필요가 있다. 내가 정보공개 청구로 열람한 비밀문서에 따르면 여권은 너무나 허술하게 위조되어 일본 관리가 금방 알아챌 수 있었다. 그랬기에 김현희가 체포된다. 하지만 굉장히 다른 평가가 1988년 2월 미국 하원 청문회에서 나왔다. 국무부 테러 담당 부대사의 말이다.

"미국 전문가들은 위조된 여권의 질이 굉장히 높아 이는 국가 정보기관에 의해 준비된 것이 거의 확실하다고 결론 내렸습니다. 이 같은 수준의 위조품을 만들어낼 능력을 지닌 테러 조직은 없습니다"(U.S. GPO, 1989: 13).

김현희 자백의 모든 과정은 또 어떠한가? 예컨대 공식 수사에 따르면 김현희의 첫 마디는 "언니, 미안해"였다. 여기에서 언니는 김현희가 자백할 당시 그녀를 담당하던 여성 수사관이다. 얼마나 드라마 같은 이야기인가. 그런데 진짜 드라마는 이것이다. 2004년 국정원은 이 말이 대국민 선전용으로 만들어졌다고 인정했다. 쉽게 말해 거짓말이었다는 얘기다. 이는 김현희의 다른 진술도 변경·조작됐을 가능성을 일러준다. 실제로 폭약에 관한 진술 역시 사실이 아니었다. 안기부는 비행기가 컴포지션 C4 350g과 액체폭약 PLX 700cc로 폭파됐다고 발표했다. 김현희가 그렇게 말했다는 것이다. 하지만 아니었다. 김현희가 직접 말한 적이 없는데 안기부가 폭약의 종류와 양을 추정했다. 김현희는 이런 문제를 방송에서 전혀 말하지 않았다. 그러니 어떻게 방송의 내용을 모두 믿을 수 있겠는가? 김현희가 진실을 말하고 있다고 누가 확신하겠는가?

무엇보다 중요한 것은, 나는 사건 관련해 깊이 사죄하고 용서를 구한다는 김현희의 사과를 그대로 받아들이기 어려웠다. 그녀가 정말로 미안해하고 있다면 처음부터 방송에 나오지 말았어야 했다. 내가 알기로 실종자 가족들은 그녀가 왜 사면을 받았는지 쉽게 이해하지 못한다. 그녀는 감옥에서 단 하루도, 단 1초도 있지 않았다. 그러니 김현희가 진짜 테러범이 아닐 수 있다는 의문이 나온다. 오히려 그녀는 마치 북에서 온 특별 손님이 한국 정부의 보호를 받듯, 거의 영웅 같은 대접을 받았다. 그녀가 핵심 증인이기 때문에 보호받을 필요가 있다고 치자. 실제로 이것이 정부 입장이기도 했다. 그렇다면 그녀는 필요할 때마다 증언을 해야 했다.

　하지만 사건 재조사가 진행됐을 때 그녀는 어디에 있었는가? 왜 그녀는 진실이 필요할 때 조사를 거부했는가? 한국이 그녀가 진실을 말하도록 살려두었다 ……. 말이 되지 않는다. KAL기 사건 실종자 가족들이 배우자와 자녀 등 가족을 잃어 고통받고 있을 때, 그녀는 결혼도 하고 아이도 낳았다. 이를 어떻게 해석해야 할까? ✶

내가 사직을 결심하기까지의 과정은 박사논문을 쓰던 때를 떠올리게 했다. 수많은 우여곡절로 가득했던 시간이다.

ℰ∂

어느 겨울날, 설명할 수 없는 상황이 내게 닥쳤다. (지금까지 누구도 한 적이 없었던) KAL858기 사건과 관련한 나의 작업은 큰 위기를 맞았다. 내 세계가 흔들리고 있었다. 머릿속이 하얗게 빈 듯했다. 거리를 걷기 시작했다. 여기저기 돌아다녔다. 그러다 교회에 들어갔다. 나는 종교가 없었다. 왜 거기에 들어갔는지 모른다. 교회 곳곳을 둘러봤다. 조용했다. 그리고 촛불이 보였다. 한참동안 촛불을 바라봤다. 마치 나의 모습처럼 보였다. 흔들리고 있던 불빛 ……. 두 손으로 촛불을 감쌌다. 따뜻했다. 그리고 뒤로 물러났다. 손을 한 군데로 모으고 인사를 했다. 그냥 자연스럽게 그렇게 했다. 그리고 지하층으로 내려갔다. 불빛이 조금 있었고, 그렇게 어둡지는 않았다. 조금 쌀쌀했지만, 그다지 춥지는 않았다. 여러 가지 추모 관련 시설이 보였다. 나는 지하실 전체를 한 바퀴 돌았다. 그리고 작은 창문 앞에 멈췄다. 창문 사이로 햇빛이 스며들고 있었다. 창문 밑에는 작은 촛불과 긴 의자가 있었다. 의자에 앉았다.

"후 …….."

나도 모르게 나온 한숨과 함께 창문을 쳐다봤다. '지쳤다. 내가 논문을 쓸 수 있을까?' 눈을 감았다. 그래, 나는 지쳐 있었다. 피곤했다, KAL858기 사건 때문에.

나는 이 사건과 처음 만났던 때를 돌아봤다. 정부가 마련한 논문 공모전에 참여했고, 그 뒤 실종자 가족들의 재조사 요구 활동에 함께했다. 가족들과 여러 가지 일을 했다. 어려운 점이 많았지만, 나는 이 사건을 소재로 석사논문을 써냈다. 사건을 다룬 최초의 학위논문이자 본격적인 연구 성과였다. 이 논문을 바탕으로 책도 냈다. 내가 졸업할 즈음, 진실화해위원회가 세워졌다. 주변 사람들은 내게 KAL기 사건을 재조사할 수 있을 거라며 조사관으로 지원하라고 했다. 나는 지원했고, 결과는 좋지 않았다. 몇 번이나 떨어졌다. 나중에 전해 들었지만, 떨어진 이유가 부분적으로 KAL기 사건과 관련된 나의 글쓰기와 활동 때문이라고 했다. 그래도 나는 포기하지 않았다. 이 사건으로 박사논문을 쓰기로 했다. 다시 말해, 독립적인 조사관으로 사건을 연구하기로 했다. 그리고 나는 지금 여기에 있다, 긴 여정을 거쳐 바로 이곳 교회 지하실에.

눈을 뜬다. 그리고 촛불을 바라본 뒤 창문을 쳐다본다. '나는 최선을 다 했어.' 그래 진지하게 살았다, 정말로. 유일하게 가슴 아픈 것은 박사논문을 못 쓴 것이다. 그래도 최소한 박사논문 일부가 이미 출판된 상황이었다. 사건과 관련해서는 영어로 나온 첫 연구물이라 할 수 있었다. 이것으로 나는 나의 할 일, 나의 의무를 나름대로 했다고 생각했다. 물론 박사논문을 썼다면 좋았겠지만 말이다. 그래도 나는 이미 충분히 했고, 그래서 나의 사명에 충실했다고 느꼈다. 이제는 나도 영원히 쉬고 싶다는 생각이 들었다. 세상과 작별하는 것이 이상하리만치 두렵지 않고 차분해졌다. 나는 갈 준비가 되어 있었다. 다시 눈을 감았다. '그래, 여기까지야.' 나는 고개를 끄덕였다.

그때 좀 이상한 생각이 들었다. '내가 만약 죽으면, 김정일 위원장을 볼 수 있겠구나.' 김현희에 따르면 KAL858기를 폭파하라고 친필 지령을 내린 장본인이다. 1년 전 사망했다. '그리고 김현희와 동행한 인물 김승일도 볼 수 있겠구나.' 그는 체포됐을 때 목숨을 끊었다. '그리고 …… 실종자분들도 뵐 수 있겠구나.' 그분들은 모두 돌아가신 것으로 되어 있었다. 잠깐 ……, 내가 지금 뭘 하고 있지? 나는 면접자 목록을 만들고 있었다! 바로 그때, 어떤 음악 같은 것이 들렸다.

"라 라라 라 라라, 라 라라 라 라라, 라라라라 라라, 라……"

눈을 떴다. 아주 부드럽고 평화로운 「In dulci jubilo」, 그것은 교회에서 시간을 알리는 오르간 멜로디였다. 그리고 내 눈에선 눈물이 흘러나왔다. 이 눈물은 내 심장에 닿았다. 나는 숨을 깊이 내쉬었다. '쓰다가 죽자. 그래, 끝까지 가보자.' 그 오르간 음악이 날 살린 셈이다. 그 시계는 내게 새로운 빛을 보여줬다. 덧붙이면, 나는 이 멜로디가 시계에서 낮 12시에 나온다고 알고 있었다. 내가 교회에 들어간 때는 그 시각이 지난 뒤여서 음악을 듣게 되리라고는 생각하지 못했다. 그 시계가 낮 3시에 한 번 더 음악을 내보낸다는 사실을 모르고 있었다.

그날 밤, 이상한 꿈을 꿨다. 김현희가 나타났다. 그녀는 어떤 사람과 손을 잡은 채 내게 걸어왔다. 그녀의 오른쪽에 있는 사람은 남성으로 보였지만, 얼굴은 볼 수 없었다. 그들이 손을 잡고 있다는 점에서 두 사람은 특별한 관계인 듯했다. 나는 김현희 옆에 있는 사람이 KAL기 사건에서 중요한 역할을 했다고 확신했다. 처음부터, 아니 어쩌면 지금까지도. 물론 나는 그 얼굴을 보고 싶었다. 그들이 점점 가까이 왔다. 한 걸음 더, 그리고 또 한 걸음 더. 김현희의 얼굴은 분명히 확인했지만, 옆에 있는 사람은 여전히 볼 수 없었다. 나는 그들을 향해 손을 뻗었다. 그리고 있는 힘껏 외쳤다.

"김현희! 김현희! 김현희!"

잠에서 깼다. 꿈속에서 그렇게 소리를 질렀는지, 아니면 실제로 그랬는지 구분이 되지 않았다. 한 가지 분명한 점은, 나는 땀을 흘리고 있었다. 이런 일은 지금까지 한 번도 없었다. 그 꿈은 꼭 진짜처럼 느껴져 잠에서 깬 뒤 아무것도 할 수 없었다. 밖은 아직 어두웠다. 언제부턴가 나는 좀 이른 시각이지만, 9시 전에 잠자리에 들었다. 아마도 학부생 때 겪었던 통일 논문 사건 이후였던 듯하다. 사실 그 경험이 없었다면 이런 꿈도 꾸지 않았으리라. 나는 침대에 그냥 앉아 있었다. 이 꿈은 KAL858기 사건이 나의 운명이라는 점을 다시 확인시켜 준 듯했다. 뜻밖의 거대한 위기 앞에서 나는 운명을 끌어안기로 했다.

그날 이후, 나의 24시간은 오직 한 가지 목표를 위해 짜여졌다. 박사 논문 말이다. 나는 원래 아침에 일찍 일어나는 편이었는데, 이제는 더 일찍 일어나기로 했다. 새벽 3시, 어떤 때는 2시였다. 간단히 씻고 연구실로 갔다. 가는 동안 쓸 내용을 생각했다. 10분에서 15분 정도 걸렸다. 연구실에 도착하면 화장실에 갔다. 종교는 없었지만 그곳에서 기도를 했다. 거울을 보며 나직이 말했다.

"다 잘될 겁니다. 네, 그래요."

그리고 나는 절박함에 눈을 감았다. 눈을 뜨며 거울을 다시 봤다. 파울로 코엘료(Paulo Coelho)가 『연금술사』에서 했던 말을 떠올렸다. "무언가를 간절히 바라면 온 우주가 나서서 도와준다"(Coelho, 2003). 그러면서 박사논문을 끝내는 모습을 상상했다. 얼마나 좋을까. '기적이다.' 이런 희망과 미소로 나의 의식은 마무리된다.

그러면 나는 어떻게 글을 썼는가? 기도를 마친 뒤 컴퓨터를 켜고 바로 쓰기 시작했다. 원칙적으로 나는 오직 한 가지, 한 단락, 한 주제 또는 어떤 한 부분에 집중했다. 어느 정도 쓰고 난 뒤, 연구실 건물의 주방에서 아침을 먹었다. 대략 새벽 5시 또는 6시가 된다. 내 아침 식사는 사과로 끝난다. 이 사과를 먹을 때 주방의 불을 모두 껐다. 조용하고 어두운 주방에서 사과를 먹으며 창밖을 내다봤다. 또 하나의 과일이 보였다, 오렌지색 가로등. 이 모든 것이 나를 평화롭게 그리고 의미 있게 만들어줬다.

이러한 기운을 바탕으로 짧게 산책을 하며 무슨 내용을 쓸까 또 생각한다. 그리고 다시 쓰기 시작한다. 아침 10~11시가 되면 내가 세운 목표에 도달하고 하루의 과제를 마친다. 성취감에 싸여 즐겁게 점심을 먹고 교회에 간다. 미사가 있어서가 아니라, 시계가 있어서 갔다. 그렇다. 내 생명의 은인이라 할 수 있는, 12시에 멜로디를 내보내는 그 시계다. 이 오르간 연주를 듣는 일은 아주 중요한 일과가 됐다. 너무도 중요해서 내가 이를 놓치면 죄를 짓는 듯한 느낌이었고, 결국 논문을 끝내지 못할 것 같았다. 때로 나는 12시까지 계획했던 일을 마치지 못했다. 그러면 글을 쓰다가도 12시에 나오는 연주를 듣기 위해 교회로 뛰어갔다. 연주가 끝나면 기도했다.

"저에게 힘을 주십시오, 제발 …….."

낮에는 주로 읽기를 했다. 또는 아침에 쓴 글을 다듬었다. 그것도 아니면 집중력을 필요로 하지 않는 일을 했다. 예를 들면 참고문헌 확인 등이다. 그러고는 논문 또는 내 상황과 조금이라도 관련 있는 영화나 드라마를 봤다. 꼭 휴식을 취하기 위해서가 아니라, 계속 동기를 부여하기 위해서였다. 그래서 나는 목록을 주의 깊게 선정했다. 실화를 바탕으로 한 영화, 고뇌하지만 스스로 동기를 부여하는 인물이 나오는 작품, 그리고 슬픈 이야기 등이다. 이 작품들을 볼 때마다 나는 거의 눈물을 흘렸다. 이것이 핵심이다. 이 눈물은 나의 마음을 씻겨주고 영감을 주었다.

낮 4~5시 사이 이른 저녁을 먹었다. 그리고 짧은 산책. 그다음 다시 쓰기 시작한다. 다만 연구실에서가 아니라 거리에서 달리기를 하며 머릿속에 썼다. 나는 논문의 차례를 여기저기 바꾸었다. 또는 아침에 쓴 부분을 고치기도 했다. 논문의 부족한 부분을 어떻게 보강할까 생각했다. 중요한 생각이나 새로운 용어들이 달리는 동안 떠올랐다. 연구실 건물로 돌아와 샤워를 했다. 그리고 보통 연구 일기를 썼다. 달리는 동안 떠올린 생각이나 논문과 관련한 여러 가지 내용들이었다. 그런 다음 졸음이 올 때까지 조금 더 읽었다. 나는 그 느낌이 좋았다. 내가 계획한 일을 마쳤고, 하루를 열심히 살았다는 증거였다. 행복했다. 연구실 문을 닫고 나가기 전, 나는 연구실에게 이렇게 말했다.

"정말 고맙다. 내일 보자."

그래, 연구실에게 한 말이다. 왜냐하면 나의 가장 친한 친구이기에. 이 모든 것이 가능했던 이유는 24시간 이용할 수 있는 건물에 연구실이 있어서였다. 건물 안에는 샤워실도 있었다. 얼마나 감사하고, 운이 좋았는가. 집으로 걸어가면서 이튿날 무엇을 쓸지 잠깐 생각했다. 방으로 돌아와 씻은 뒤 저녁 8~9시 사이에 잤다. 아, 잊지 말아야 할 것이 있다. 나는 눈을 감기 전 또 기도를 했다. 달리기와 샤워 뒤에 몰려오는 졸린 느낌으로, 나는 아주 깊은 잠에 빠졌다. 그리고 마지막 한 가지, 가끔 논문 관련된 꿈을 꾸기도 했다. 원칙적으로, 나의 하루는 이렇게 지나갔다. 그렇게 하루하루 살아냈다.

그 시절, 나는 내가 하루살이라고 생각했다. '나는 하루만 산다. 내가 논문의 한 부분을 끝낸다면, 그것으로 만족한다. 내 하루를 다 살았다. 그리고 잠을 자며 세상과 작별한다. 다음 날 아침, 나는 다시 태어난다. 그리고 새로운 24시간. 다시, 한 가지를 한다. 오직 한 가지로 충분하다.' 이런 식의 사고는 내게 위안을 주었다. 모든 것은 오늘 끝난다. 오로지 24시간만 있다. 그 이상도, 그 이하도 아니다. 바로 그뿐이다. 단순해지자. 오직 하나만 생각하자. 내 삶이 24시간 안에 끝날 것이라는 생각은 묘하게 힘을 주었다. 이 상징적인 죽음이 나를 계속 움직였다. 내일을 걱정하는 것, 아니 생각하는 것 자체가 부담스러웠다. 모든 기운과 노력을 오늘 하루에 쏟아부었다. 그리고 죽으면, 또 다시 살아난다. 다시 죽고, 또 살아나고 ……。

가끔 나는 자정이나 새벽 1시에 깨기도 했다. 4시간 정도밖에 자지 않았다는 말이다. 그래도 되도록이면 나는 연구실로 갔다. 한 가지 생각만 했다. 나는 이른 새벽에 집중이 잘되기 때문에 연구실에 가서 바로 논문을 썼다. 이 경우 대개 평소보다 일찍 피곤해지게 마련이다. 그러면 하루의 나머지는 그냥 흘려보내기 일쑤였다. 그렇더라도 만족했다. 아무리 적은 분량이라도, 논문의 한 부분을 써냈기 때문이다. '잊지 말자. 나의 하루는 오직 한 가지를 위해 존재한다, 바로 논문.'

이는 마치 마라톤을 하는 것과 같았다. 마라톤을 끝내는 유일한 방법은 끝까지 뛰는 것이다. 속도와 시간에 상관없이 마지막까지 가야 한다. 이것 외에 다른 방법은 없다. 물론 필요하다면 중간에 그만둘 수도 있다. 하지만 마라톤을 끝내고 싶은 마음이 있는 한, 유일하게 할 수 있는 일은 끝까지 가는 것뿐이다. 그리고 여기에 한 가지 비결이 있다. 42.195km, 마라톤을 한다고 생각해 보자. 아주 긴 거리다. 처음부터 이렇게 많이 뛰어야 한다고 생각하면 미리 지쳐버릴지 모른다. 특히 마라톤을 처음 뛰는 경우에는 도대체 어떻게 해야 할지 모를 수 있다. 그래서 포기할 생각까지 한다. 그러나 전체 거리를 작은 부분들로 나눌 수 있다면 상황은 달라진다. 예컨대 42km가 아니라 10km만 뛴다고 생각하자. 그 10km에만 일단 집중하자. 그러면 부담이 좀 덜할 수 있다. 그리고 이런 식의 거리를 네 번 정도 뛴다고 생각한다. 다시 말해, 처음부터 42km를 다 뛴다고 생각하는 것이 아니라, 그래서 벌써 지쳐버리는 것이 아니라 10km씩

네 번을 띈다고 생각한다. 그렇게 하면 스스로를 지탱하는 데 도움이 된다. 조금씩 하나하나 해가면서 더욱 집중할 수 있다.

물론 때로는 생각만큼 쉽지 않았다. 내 자신이 강하게 느껴지지 않았다. 가끔 연구실 건물의 계단을 오르기가 벅찼다. 어떤 때는 내려오는 것도 힘들어 멈췄다. 그러면서 한숨을 깊이 쉬었다. '이건 사는 게 아니야 …….' 마치 내 수명이 조금씩 줄어드는 듯했다. 그런데 나는 논문을 쓰다가 아프게 되면 그것은 영광이라고 생각하곤 했다. '기계처럼 열심히 하는 …… 만약 이것이 논문을 끝내는 데 도움이 된다면, 내 몸은 그다지 신경 쓰지 않으련다. 만약 아프면, 오히려 내겐 영광이다.' 돌이켜보건대, 참으로 위험하고 오만한 생각이었다. 내가 정말로 몸이 아팠다면 그것을 영광으로 생각할 수 있었을까? 그리고 내가 논문을 쓰다가 실제로 아파서 쓰러졌다면? 하지만, 나는 정말 진지했다.

실제로 박사과정 마지막 해에 눈이 나빠지고 있었다. 이 상황은 갑자기 시작됐다. 말 그대로, 갑작스럽게 ……. 이전과 달리 일정한 거리 안의 모든 것이 흐리게 보였다. 가슴이 철렁 내려앉았다. 안타깝게도 시력은 크게 달라지지 않았다. 만약 내 눈이 더 나빠졌다면 어땠을까? 글을 계속 쓰고 논문을 마칠 수 있었을까?

좀 다른 이야기지만, 석사논문을 다듬어 첫 책을 쓰고 있었을 때도 갑자기 아팠다. 출판사에 원고를 보낸 직후였다. 나는 비교적 건강했고 그때까지 크게 아픈 적이 없었다. 그런데 원고를 보낸 다음 날 아프기 시작해 일주일 정도 고생했다. 겁이 좀 났는데, 이전에는 그랬던 적이 없었기 때문이다. 기운 없이 방바닥에 누워 속삭였다.

"아마도 이건 KAL858기 사건 연구가 얼마나 힘든지를 보여주는 것일지도 몰라 ……. 이 비극, 고통 그리고 115분의 실종자들 ……. 이렇게 아픈 것이 이 사건을 다루는 대가라면, 괜찮아. 나는 끌어안을 수 있어. 영광이라고 생각해야지 ……, 으…….”

∞

　박사논문을 마무리할 무렵, 일이 잘되지 않을 때 나는 코엘료의 말을 떠올렸다. 무언가를 간절히 바라면 온 우주가 나서서 도와준다 ……. 나의 질문은 ‘누가 바라는가’였다. 무언가를 간절히 바라는 사람은 누구인가? 왜냐하면 누군가 내가 포기하기를 바라는 듯한 느낌이 들어서였다. 코엘료의 말을 바꾸면 이렇게 되지 않을까. 누군가 당신이 실패하기를 간절히 바라면 온 우주가 나서서 그 사람을 도와준다 ……. 생각해 보라. 온 우주가 나를 밀어내고 있다, 누군가 그렇게 바라고 있기 때문에. 그렇지만 이런 생각은 오히려 정신을 바짝 차리게 해주었다.

　‘그래, 누군가 내가 멈추기를 바라는구나. 그리고 나는 그 사람의 간절한 소원을 담은 온 우주와 싸우고 있다. 왜냐? 그 누군가는 내가 논문 마치는 것을 싫어하기 때문에. 왜냐? 내가 하고 있는 일이 의미 있기 때문에. 왜냐? 그 누구도 하지 않은 일이기 때문에. 그래, 나는 지금 더 절실히 바란다. 더 열심히 하련다. 그래서 그 우주를 나의 편으로 만들겠다. 온 우주가 나를 도와 논문을 끝낼 수 있게 하겠다.’ 그렇다면 결과는? 논문을 마쳤을 때, “그것이 내 앞에 있다는 것이 기적일 따름이었다”(Strausz, 2018: 1). 논문은 조금의 수정도 없이 바로 통과됐다. 감사하게도 내 논문 심사의 초점은 ‘논문을 어떻게 책으로 엮어낼 것인가’였다.

# 2013년 1월 15일, 문화방송(MBC)

KAL858기 사건에서 1월 15일이라는 날짜는 중요하다. 정부가 수사 결과를 발표한 날이기 때문이다. 나는 늘 그랬듯, 이날도 KAL기 사건으로 검색을 했다. 기사 하나에 관심이 갔다. 김현희 특별 인터뷰가 밤 11시 15분에 방송된다는 내용이었다. 원래 이 시간대에 다른 방송이 나가기로 했는데 갑자기 일정이 바뀌었다고 했다. 예전에도 그랬듯, 나는 김현희가 방송에 나오는 것 자체가 문제라고 생각했다. 그래도 나중에 이 방송을 확인할 수밖에 없었다.

김현희는 전에도 말한 적이 있는 KAL기 피해자 가족들과의 만남에 대해 또 언급했다. 화해를 위한 만남이었고, 서로 울고 악수도 했다는 내용이다(MBC. 2013.1.15). 그녀는 이 만남이 편하지는 않았다고 덧붙였다. 그리고 시간이 약이라지만 사건 관련해 다시 한번 사과한다고 했다. 김현희는 인세를 가족들에게 전달했다고 알려졌는데, 이 부분에 대해서도 설명했다. 그것이 자신이 할 수 있었던 유일한 일이었다고 강조했다. 그리고 가족들과 함께 자신의 운명에 슬퍼했다면서 모두 눈물을 흘렸다고 한다.

방송 시간은 1시간 정도였다. 진행자는 김현희에게 혹시 피해자 가족들에게 할 말이 없느냐며 방송을 마무리하려 했다. 김현희는 사실 오늘 나오기가 쉽지 않았다고 조용한 목소리로 말했다. 이어진 이야기의 줄거리는 다음과 같다.

'2003년 노무현 정부가 세워진 뒤 정부 차원에서 이 사건을 가짜로 만들려는 시도들이 있었다. 그런데 여기에는 정부 기관뿐만 아니라 지상파 방송도 개입했다. MBC의 〈PD수첩〉도 깊이 개입했었다. 그리고 오

늘 이 기회를 빌려 다시 한번 희생자 가족들께 깊이 사죄드린다.'

진행자는 심각한 표정을 지었다. 김현희는 계속 말하기를, 자신이 사건의 목격자이기 때문에 살아남은 것이라 했다. 그러면서 MBC의 용기에 감사한다고 말하며 한국방송(KBS)이나 서울방송(SBS) 같은 다른 언론은 물론이고, 정부 기관들도 용기를 낼 수 있기를 바란다고 밝혔다. 진행자는 김현희에게 고마움을 표시하며 숨을 깊이 내쉬었다. KAL858기 잔해로 보이는 그림이 진행자 뒤에 설치된 큰 화면에 보였다. 카메라는 김현희의 결혼식 사진을 중심에 비춘다.

"아무쪼록 오늘 이 자리가 의도하지 않게 또 다른 빌미를 제공하는 자리가 아니라, 진정한 화해와 용서로 갈 수 있는 단초가 되기를 희망해 보면서 오늘 이 시간 마치도록 하겠습니다. 시청해 주신 시청자 여러분 대단히 고맙습니다."

ဆ

나는 눈을 감았다. 몇 분 동안 휴식을 취한 뒤 밖에 나가 산책을 했다. 무엇보다 나는 '왜 지금일까?'라는 생각을 떨칠 수 없었다. 4주 전, 나는 한국 대통령선거에 깊이 실망했다. 박근혜 후보가 당선된 것이다. 지난 두 차례 민주 정부의 정책을 되돌려 놓으면서 여러 논란을 낳은 이명박 대통령은 박정희 전 대통령의 딸에게 권력을 넘긴다.

이명박 정부가 했던 가장 좋지 않은 일 가운데 하나는 언론 통제다. 이 정권 기간에 주요 방송사 대표들이 정부 성향과 비슷한 사람들도 바뀌는 일이 자주 있었다. MBC, KBS, YTN 같은 사례가 그렇다. 모두 정부 관련 기관이 영향력을 많이 행사할 수 있는 구조의 언론이다. 방송사 노조들은 파업으로 맞섰고 언론인들이 많이 해고됐다. 정부에 대한 여론은 비판적이었다. 그런데도 대통령과 정부는 언론 관련 정책을 밀어붙였다. 이명박 대통령에게 '불도저'라는 별명이 괜히 붙여진 것이 아니다. 그는 김대중·노무현 두 민주 정부의 성과를 모두 지워버리려고 작정한 듯 보였다. 많은 이들은 박근혜 대통령이 이러한 정책을 이어갈 것이라고 우려했다. 박 대통령의 취임식이 한 달 정도 남은 상태에서 MBC가 김현희 방송을 급히 편성한 것은 이런 상황을 배경으로 하지 않았나 싶다.

방송 내용 관련해서도 의문이 있었다. 먼저, 김현희가 가족들과 만남을 언급한 부분이다. 화해를 목표로 한 그 만남이 잘 이루어졌다고 했다. 가족들은 김현희를 이해하고 용서한 듯했고, 모두 울었다는 내용 말이다. 2009년 나는 실종자 가족을 면접했는데 굉장히 다른 이야기를 들을 수 있었다.

> 요렇게 쪼로록 하고 데리고 들어오더라고 안기부 놈들이? 그놈들이 데리고 들어오는데, …… 이렇게 데리고 이렇게 들어오는데 일로 오라고 내가, 이리 와서 왼손으로 내가 왼손으로 김현희 앉혀놓고 잡았어요. 나는~ 내 손은 부들부들 떠는데 그 기집애는 까딱도 안 해, 손도. 겁나서도 떨 텐데, 안 떨어. …… 김현희야 뭐, 수그리고 가만히 있지 뭐. 그리고 "너는 시집가믄 안 된다." 내 근데 시집까지 왜 했는지 몰라. 왜냐하면, 그때, 할머니 하나가 장사를 하나 해가지고 …… 너는 그 할머니랑 살아야 된다. …… 그 할머니는 그 아들, 맨날 이렇게 하고 댕기면서 그 아들을 해서 했는데 돌아와서 그 엄마를 돌봐야 하는데 너는 그 할머니랑 살아야 된다. "예 그랬어 예~ "그러고. "너는 시집가믄 안 된다." …… 1월 9일 날 결혼한다고 신문에 났댔어. 아 그러니께 시집갈 거 준비 다~ 해놓고, 안기부에서 데리고 시집보낼 거 다 해놓고 우리를 만난 거야. (탁자를 치면서) 만나주고 날짜까지 다 해놨는데 우리는, 나는 그것도 모르고 "너는 시집가면 안 된다. 그 할머니

하고 살아야 된다" 그랬어. …… 이러니 이게 복통이 안 터지냐고 죽을 맞이지 정
말이지, 이렇게 우매하게 보잘것없는 사람들 그 모양으로 만드는 거야. 대한민국
에서도, 대한민국도 나쁜 놈이고 어, 다 나쁜 놈으로 써도 괜찮아, 다 나쁜 놈들
이야. 어떻게 우리를 지도 자식이면서 그렇게 무시하고 시집보내냐고. (탁자를
치면서) 시집보내기를, 어?(주덕순 인터뷰, 2009년 8월 8일)


이 가족은 여기서 멈추지 않았다.

"너 시집가면 안 된다. 그러니까 예예. 각서를 써라 내가 가방에서 종
이랑 연필을 꺼내주면서, 말로만 해서는 안 되니까 각서를 써라! 그래 지
손으로 썼어요."

다시 말해 모임의 분위기는 김현희가 말했던 것과는 꽤 다르다. 긴장
되는 면이 많았다. 그리고 115명의 가족 가운데 오직 일곱 명만 만났다.
더 중요하게는, 김현희가 결혼을 앞두고 있었고 안기부가 만남을 주선
했다는 점이, 이 가족이 분노하는 이유이기도 하다. 김현희가 출연한 방
송만으로는 이런 이야기를 알 길이 없다. 그녀는 인세를 건네주었다고
또 언급했다. 그러나 이 역시 나는 달리 알고 있다. 앞서 나온 가족은 다
음과 같이 기억한다.

"그, 책 쓴 돈을 우리헌테 넘겨주고 시집갈려고 핸 걸 모르고 우린 그
돈을 줄라고 만나주는 줄 알았지, 시집갈려고 그렇게 핸 건 모르고. 어?
이 돈을 이 불쌍한 식구들한테 넘겨주겠다고 만나준지 알았어, 우리들
은. 안기부서 주선했지."

김현희에 따르면 인세 기부는 순전히 좋은 마음에서 비롯됐다. 그러
나 이들 가족의 입장에서 그것은 거래였다. '자, 이 돈을 받으세요. 그 대
신 제가 결혼했다는 소식을 듣게 되면 조용히 하셔야 해요.' 다시 강조하

건대, 김현희가 나온 방송만을 보면 이런 내용은 알 수가 없다.

　노무현 정부와 관련해서도 나는 김현희 말에 동의하기 어렵다. 전반적으로 김현희는 재조사 자체를 부정적으로 생각하고 있는 듯싶다. 그녀는 자신을 가짜로 만들기 위한 음모로 받아들인다. 이는 옳지 않다. 핵심은 KAL858기에 무슨 일이 있었는지 해명되지 않은 사안들이 많다는 점이다. 유해가 발견되지 않았고, 블랙박스도 없다. 공식 수색은 열흘 정도 진행됐다. 그리고 자살 시도를 했지만 살아난 용의자가 한국으로 압송됐다. 중대한 대선을 하루 앞둔 상태였다. 그다음 날, 군사정권의 여당 후보가 대통령에 당선된다. 물증도 없이 용의자 진술에만 의존해 군사정권은 서둘러 수사 결과를 발표했다. 폭파범은 사형을 선고받았지만 곧바로 사면된다. 게다가 그녀의 진술과 관련된 여러 모순점, 정보기관의 개입 문제도 해명되지 않았다. 이런 상태에서 김현희는 안기부 직원과 결혼해 사라진다.

　그런데도 정부의 말을 그대로 받아들여야 하는가? 모두가 김현희를 믿어야만 하는가? 만약 정부가 충분히 해명했다면, 그리고 김현희가 솔직히 자백했다면, 지금 상황은 달라졌을 수 있다. 하지만 어땠는가? 정부는 이 사건을 대선에 이용하느라 바빴다. 안기부 주도로 진행된 이른바 '무지개 공작' 말이다. 군사정권과 안기부는 언론과 대규모 집회 등을 통해 보수층의 표를 얻는 데 집중했다. 김현희는 모순점이 많은 자신의 진술을 바탕으로 책을 몇 권이나 냈다. 나중에 이 책들은 안기부가 고용한 작가가 대필한 것으로 드러났다. 이 상황에서 상식이 있는 사람이라면 의문을 제기할 수 있지 않을까? ▨

학장의 비서가 전자우편을 보내왔다.

"학장께서 학과에서 선생님의 역할과 관련해 30분 정도 면담을 요청했습니다. 가능한지 알려주시겠습니까?"

너무나 갑작스러운 연락에 어리둥절했다. 왜 면담이 필요한 걸까? 게다가 학과장도 아닌, 단과대학장이? 이상했다. 그래서 되물었다.

"실례지만, 편지 내용이 좀 헷갈립니다. 몇 가지 여쭤도 될는지요? ① 학장님과의 면담을 전혀 기대하고 있지 않았는데요, 혹시 왜 면담이 필요한지 짧게라도 말씀해 주시면 고맙겠습니다. ② 혹시 제 학과의 모든 직원이 개인적으로 면담에 초대됐는지, 아니면 저만 면담에 초대됐는지 궁금합니다."

답장을 기다리는 동안, 이 일이 내 사직과 관련 있지 않을까 의심했다. 이것 외에 다른 이유를 생각하기 어려웠다. 역시나 그랬다. 답장에 따르면, 학장은 편안하게 대화를 하고 싶다고 했다. 왜냐하면 나와 관련해 좋은 이야기를 들었지만, 동시에 내가 사직한다는 말도 들었기 때문이라고 했다. 그러면서 면담이 부담스러우면 거절해도 괜찮다고 했다.

예상대로였다. 그렇더라도 학장이 내 사직에 개인적으로 관심을 두리라고는 전혀 생각지 못했다. 면담 요청에 어떻게 답할지 고민됐다. 만약 면담을 하게 되면 그만둘 결심을 한 배경에 대해 말할 수밖에 없을 듯했다. 내가 아무리 정중하게 말하더라도, 어떤 형태로든 학과나 학교에 대한 비판으로 받아들일 가능성이 있었다. 다른 어떤 곳과 마찬가지로, 여기에도 문제가 있었다. 나는 이것이 아주 특별하다고 생각하지 않았다.

무엇보다 나는 일할 수 있는 기회를 주고, 교수가 될 수 있었던 데 계속 감사했다. 단지 일을 그만둔다는 이유로 이 고마움을 저버릴 순 없다. 동료와 학과를 배신(?)할 수는 없다. 사실 내가 우려했던 것 가운데 하나

는 나의 사직이 학과 운영에 좋지 않은 영향을 주지 않을까 하는 점이었
다. 그래서 피해를 줄이기 위해 규정보다 훨씬 일찍 사직 의사를 밝혔다.
꼭 그렇게 할 필요는 없었다. 그래도 나로서는 학과에서 빨리 새로운 사
람을 뽑도록 하고 싶었고, 어떤 피해도 주고 싶지 않았다. 결국 다음과
같이 답장을 보냈다.

"무엇보다 학장님이 저에 대해 좋은 이야기를 들으셨다는 점이 진심
으로 영광입니다. 그리고 면담에 초대되어 기쁘게 생각합니다. 다만 실
례가 되지 않는다면, 이렇게 좋은 소식과 면담 초대 자체만으로 저는 충
분히 만족스럽고 기쁘답니다 ……. 정말 고맙습니다. 제 학과에 대한 지
원이 계속되기를 진심으로, 그리고 강력히 바랍니다."

୫୦

어떻게 작별을 하느냐는 중요하다. 어쩌면 처음 어떻게 만나느냐보다
중요할 수 있다. 나는 학과 사람들 모두에게 감사 카드를 썼다. 그리고 모
두에게 조그마한 선물도 준비했다. 그들은 모두 좋은 동료, 친절한 이들
이었다. 동료들 가운데는 단체 편지 밑에 이런 문구를 넣는 이도 있었다.
"우리 모두 생존할 수 있기를 빕니다!"
그래, 나는 모두가 잘 버틸 수 있기를 진정으로 바랐다. 모두에게 고
마웠다. 그리고 학생들에게 나를 선생으로 그리고 친구로 받아줘서 참
감사했다. 하지만 이렇게 떠나게 되어 정말 미안했다.
"후 …….."
학생들에게 단체 편지를 쓰기 전 한숨을 깊이 쉬었다.
"이런 말을 하게 되어 참 슬프지만, 제가 학교를 떠나게 됐습니다 …….

여러분들을 위해 뭔가를 더 할 수 없게 되어 미안합니다. 그동안 함께해 주어 고마움을 전합니다. 앞으로의 학업이 잘 이루어지길 진심으로 바랍니다. 정말 고맙습니다 ……."

나는 고마웠고 미안했다. 이런 마음을 담아 뭔가 작지만 특별한 것을 하고 싶었다. 그래서 학생회에 기부를 하기로 했다. 내가 왜 떠나는지를 전부 말할 수는 없지만, 내가 학생들을 생각한다고 말해주고 싶었다. 나는 오해하지 않기를 바랐다. '우리를 신경 쓰지 않기 때문에 떠나는 거야.' 아니, 결코 아니다. 우리가 언젠가 다시 만날 날이 있었으면 한다. 모두들 안녕.

떠나기 전, 내 열정과 땀이 서려 있는 공간인 강의실을 돌아보고 싶었다. 나는 늘 최선을 다하려 노력했다.

"그래, 강의실하고도 인사를 하자."

첫 번째 공간. 나는 좌우, 앞뒤를 천천히 바라본다. 그리고 걷기 시작한다. 부드럽게 물건들을 만져본다. 강의용 컴퓨터, 칠판, 학생들 책상. 강의실 중간에 있는 의자에 앉아 눈을 감는다. 마치 기도를 하듯 두 손을 모으고 속삭인다.

"고맙다. 정말 고마워."

고개를 숙인 뒤 책상에 입을 맞춘다. 이 '작별 의식'을 내가 학생들을 가르친 모든 강의실에서 되풀이했다. 그리고 돌아온 연구실 건물의 복도를 걸어간다. 특별한 장소들이다. 내가 도착했을 때 처음 머물렀던 4인용 연구실, 내 '비밀의 정원'으로 평온을 안겨주었던 의무실, 내 동료들의 연구실, 마지막으로 빼놓을 수 없는 내가 버텨낼 수 있도록 도와준 깊은 안식처인 나만의 개인 연구실. 나는 한국식의 큰절을 하며 연구실에 감사를 표시했다. 두 손을 가슴 위로 올린 뒤 무릎을 꿇고, 손을 바닥에 대며 고개 숙여 절을 했다.

"넌 내게 참 많은 것을 의미했어. 고맙다."

작별 의식과는 별개로, 그만두기로 한 결심은 참 많은 것을 돌아보게 했다. 사직은 내가 모두 포기한다는 뜻이 아니었다. 나는 시간이 필요했다. 내가 숨 쉬고 생각할 수 있는 그런 시간이 ……. 다시 한번 마라톤에 비유하고 싶다. 중요한 점은 자신에게 맞는 속도로 달리는 것이다. 다른 이들이 빨리 달린다는 이유로 같이 빨리 달리면 쉽게 지쳐버린다. 이런 식으로 계속 달리면 마라톤을 망친다. 결국에는 자기 자신도 망친다. 자신의 속도를 잃어버리면 행복도 잃어버린다. 이것이 나를 괴롭게 했다. 점점 냉소적으로 변해가는 나를 보며 나 자신을 잃어버리지 않을까 걱정됐다. 변하지 않으려고 유튜브에서 가끔 "슬픈 영화", "슬픈 영상", "감동 영상" 같은 말을 검색했다. 영상을 보고 눈물을 흘리면 좀 나아지는 듯했다. 때로는 손을 가슴에 대보기도 했다. 말 그대로 심장을 느껴보기 위해서다. 나는 차갑게 변하고 싶지 않았다.

물론 어떤 이들은 나를 부러워했다. 나는 아직 정년이 보장되지는 않지만 교수였다. 정말 감사했다. 특히 한국인의 시각에서 교수가 된다는 것은 대단한 일이었다. 이를 떠나 나는 먹을 음식이 있었고, 입을 옷이 있었고, 잠 잘 집이 있었다.

"도대체 뭐가 문제인가요?"

누군가 물을 수 있겠다.

"세상을 좀 보세요. 예컨대 난민 문제 말이에요. 얼마나 많은 사람들이 어려운 처지에 있는지 아나요?"

속으로 부끄러움을 느껴야 했다. 동시에 나는 알고 있었다. 내가 행복하지 않으면, 다른 이들도 행복하지 않게 한다고. 내가 행복하지 않으면,

세상도 행복하게 보이지 않는다고 ……. 나는 꼭 기계가 되고 있는 듯했다. 나는 무언가를 했는데, 그 일이 주어졌기 때문이다. 그리고 다른 일도 했는데, 그게 의무였기 때문이다. 다만, 일반 기업 같은 분야와 비교했을 때 학계에서는 그나마 자유와 독립성이 보장된다 할 수 있겠다. 물론 요즘 같은 신자유주의 시대와 치열한 경쟁이 요구되는 시대에는 대학교도 기업처럼 되어가고 있다고 하겠지만, 그렇더라도 연구자들은 어떤 특권을 누린다고 하겠다. 그런데 내게는 이것이 크게 중요하지 않았다. 급박한 문제는, 내가 질식당하고 있다는 점이었다. 이를 악물고 버티려 했지만 계속 질식할 듯싶었다. 생존의 문제였다.

또 한편으로, 나는 다시 절박해지고 싶었다. 절실한 마음과 열정을 갖고 무언가를 하고 싶었다. 교수가 아니던 때로 돌아가고 싶었다. 절박하게 박사논문을 쓰던 시기가 그리웠다. 힘든 시간이었다. 하지만 가치 있는 일이라 믿었기에 견뎌냈다. 분명히 어려운 시기였다. 그러나 어떤 의미가 있는 한, 이를 버텨낼 수 있지 않을까. 나는 절실함이 주는 긍정적 힘을 믿는다. 내 마음속 깊은 곳에 있는 무언가가 나를 깨우고 있었다. 더 늦기 전에 나는 이를 받아들이기로 했다.

&

마침내 학교를 옮기기로 했다. 이제 교수가 아니었다. 월급도 나오지 않았다. 다른 재정 지원도 없었다. 그렇지만 그냥 갔다. 최우선 과제는, 몇 년 동안 미뤄야 했던 책 작업을 끝마치는 것이었다. 언제나 쓰고 싶어 했던 책, 하지만 진행할 수 없었던 작업, 내 인생을 크게 바꾼 KAL858기 사건에 관한 책, 그리고 내가 사직을 최종 결정하는 데 영향을 준 계획 …….

새로운 생활이 시작된 나의 새 학과는 나무로 우거진 곳에 자리하고 있었다. 마치 오두막집 같은 분위기였다. 나는 이 건물에 첫눈에 반하고 말았다. 좋은 징조였다. 그런데 숙소에 문제가 있었다. 꼭 내 방만 그렇지는 않았지만, 원칙적으로 침대가 없고 책상도 없었다. 나는 이 뜻밖의 불편함을 나를 더 긴장시키고 더 절실하게 만들 기회로 삼으려 했다.

예를 들어 KAL858기 실종자 가족들을 생각해 보자. 자신의 식구가 죽었는지 살았는지도 모른 채, 도대체 무슨 일이 일어났는지도 모른 채 그들의 고통은 30년 넘게 계속되고 있다. 그 가족들에 비하면 나의 상황은 아무것도 아니리라. 어쩌면 책을 쓰는 동안, 침대가 없는 방에서 잠자는 것은 그분들의 불편한 상황을 계속 떠올리게 하는 계기가 될 수 있다. 그래서 나는 침대 없이 그냥 바닥에서 자기로 했다. 그런데 뜻하지 않게 일이 풀렸다. 요청도 하지 않았는데 매트리스가 제공됐다. 침대가 없는 것보다야 훨씬 나았다. 그래서 다행히 또는 불행히 바닥에서 잔다는 계획은 취소됐다. 그렇지만 이 일로 내가 KAL858기 사건과 이 책에 얼마나 헌신할 준비가 되어 있는지를 깨달았다.

# 2014년 3월 8일, 서울

한국에서도 여성의 날을 기념하는 행사가 열렸다. 올해 기념일은 더 특별했는데, 박근혜 대통령이 한국 최초의 여성 대통령이기 때문이다. 그래, 특별했다······. 그녀가 여성 대통령이어서라기보다 대통령 재임이 젠더와 관련해 여러 논란을 불러왔기 때문이다. 선거운동 초기부터 박근혜는 이제 여성이 대통령이 되어야 할 때라고 말했다. 그러나 많은 이들은 그녀가 이런 말을 할 자격이 있는지 되물었다. 박근혜의 정치적 자산 대부분은 그녀의 아버지 박정희에 바탕을 두고 있었다. 정치인으로서 그녀는 여성 인권과 성평등에 관련해 특별히 활동하지 않았다. 그래서 많은 여성주의 활동가와 학자들이 그녀가 여성운동의 성과를 훔쳤다고 비판하기도 했다.

불행히도 박 대통령 취임 1년이 지난 시점에 여성주의자들의 비판이 옳았음이 확인됐다. 그래서 이런저런 토론과 얘기가 많았다. 나는 유럽에서 여성의 날 관련 소식을 검색하기 시작했다. 그러다가 속보 하나에 관심이 갔다. 말레이시아 항공기 MH370기가 239명의 사람들과 사라졌다. 참 괴로운 소식이었다. 이런 일은 언제나 KAL858기 사건을 떠올리게 했다. 약 열흘 뒤인 3월 17일, 또 다른 불편한 소식을 듣게 된다. 뉴스Y라는 방송사가 말레이시아 사건 관련해 아주 특별한 전문가를 초대했다고 한다. 전문가의 이름은 김현희였다.

"사건 자체가 미스터리인 사건, KAL기 폭파범이시죠. 이 김현희 씨는 과연 어떻게 보실지 궁금한데요. 그래서 저희가 스튜디오에 모셨습니다. 87년 KAL기를 폭파한 북한 공작원이셨죠. 김현희 씨 나와 계십니다. 안녕하십니까?"(뉴스Y, 2014.3.17)

김현희도 조용한 목소리로 인사한다. 진행자가 김현희에게 말레이시아 사건에 대해 어떻게 생각하느냐고 묻는다.

"글쎄, 지금까지는 뭐 나온 게 아무것도 없고, 뭐 지금 말레이시아에서 수사 중에 지금. 그런데 또 테러는 아닌 것 같다, 납치가 아니냐."

"납치도, 그런데 사실 테러긴 테러죠."

진행자가 끼어든다.

"네, 그 종류죠. 그런데 납치가 아니냐 하는 쪽으로 지금 많이 가고 있는 것 같은데 ……."

진행자와 김현희는 여러 가능성에 대해 이야기를 한다. 그리고 책임 소재 공개와 관련해 김현희는 이렇게 말한다.

"이번 사건도 보면, 아 글쎄 …… 좀 다릅니다. 북한은 항상, 천안함 사건도 그렇지 않습니까? 그 명백하게 프로펠러에 '1번'이라는 북한 그 번호가 나왔는데도 (남쪽에) 뒤집어씌웁니다."

김현희는 이를 자신의 사건과 연결시킨다.

"KAL기 사건도 제가 임무를 받고 제가 한, 증인이 있는데도 아직도 인정을 안 하고 사과도 안 하고 있고. 또 그 지령을 받아서 이 남한에서는 또 종북 세력들이 아직도 그런 뭐 가짜라는 소리도 하고 있지 않습니까? 그걸 바로 북한이 노리고 있는 것입니다."

방송은 12분 정도 계속됐다.

∞

이전에도 그랬듯, 김현희가 방송에 나온 것 자체가 나로서는 괴로웠다. 그래도 방송 내용을 확인해야 했다. 내가 바라지 않더라도, 그렇게 해야 한다고 느꼈다. 김현희가 말한 내용 가운데 특히 한 가지가 문제라고 생각했다. 바로 천안함 사건이다. 2010년 3월 26일, 대한민국 해군 소속 함정이 침몰했다. 나는 그때 현장 연구를 하느라 한국에 머무르고 있었다. 정부는 곧바로 북의 책임을 말했다. 46명의 병사가 죽었다. 다음 날 점심을 먹으러 작은 식당에 갔다. 그곳에 있던 텔레비전에서 천안함 소식이 나오고 있었다. 식당 주인이 소리쳤다.

"저 봐라 ……, 북한이 또 그랬네! 나쁜 놈들!"

5월 20일은 6월 지방선거 운동이 시작되던 날이었는데, 천안함 민관합동조사단은 북이 병사들을 죽였다고 발표한다. 결정적 증거는 김현희가 말한 "1번"이라는 문구였다.

하지만 이 결과는 목격자들의 진술, 당국의 증거 영상 조작, 폭약 물질과 관련한 과학 논쟁 등 차원에서 문제가 제기됐다. 2010년 9월에 있었던 한 여론조사에서 32.5%만이 조사 결과를 믿는다고 답했다(≪한겨레≫, 2010.9.8). 이 상황에서 북은 사건과의 관련성을 부인했다. 이후 천안함 사건은 계속 논란 중이다. 김현희는 이 사건이 KAL기 사건과 비슷하다고 말했다. 다른 맥락에서 나 역시 천안함 사건이 KAL기 사건과 비슷하다고 생각한다. 왜일까? 사건이 있고 나서 정부는 북의 개입을 곧바로 의심했다. 이러한 의심은 수사 결과에 반영된다. 북쪽은 사건과 관련이 없다고 발표했다. 한편, 여러 가지 해명되지 않은 물음들이 제기된다 …….진실이 무엇이든 천안함 사건은 KAL858기 사건과 마찬가지로, 분단 문제와 그 아픔이 아직도 계속되고 있음을 증언한다.

"종북"이라는 말도 마찬가지다. 김현희는 재조사를 요구하는 이들을 종북 세력이라고 불렀다. 북쪽의 견해를 무조건 따르거나 지지하는 사람을 비하하는 뜻으로 쓰이는 이 단어는 조심스럽게 살펴볼 필요가 있다. 계속 중인 전쟁과 분단을 고려할 때 북쪽은 남쪽에서 '주적'으로 간주되어 왔다. 북에 대한 모든 것은 부인되거나 부서져야 하는 것으로 여겨지기 쉽다. 만약 누군가 '빨갱이'나 '종북'의 혐의를 받게 되면 그 사람의 정치사회적 생명은 크게 위협받는다. 이 마법과도 같은 말과 이를 둘러싼 정치학은 대표적으로 국가보안법을 통해 제도화됐다. 분단의 슬픈 모습이다. 나는 남쪽만이 보안법 같은 문제를 안고 있다고 생각하지 않는다. 북쪽도 북의 현실에 따른 문제가 분명히 있다. 다만 내가 북에 대해 그 정도로 알고 있지 않기에 구체적으로 논의하지 않는다.

어쨌든 적어도 남쪽 구성원의 한 사람으로서 이러한 안보 관련 문제에 오랜 역사가 있다는 것을 안다. 이 씨앗은 아마도 1945년에 공식적으로 뿌려졌다고 하겠다. 해방 직후 좌우 이념 갈등이 본격적으로 드러나기 시작했을 때 말이다. 1948년의 분단은 이 갈등을 더욱 부채질했다. 예컨대 이승만 정부 아래 수만 명의 사람들이 제주에서 정부군과 우익 세력에게 죽임을 당했다. 그리고 이어진 한국전쟁은 깊이 분열된 정치 지형을 더욱 공고히 만들었다. 1980년 전두환 세력에 의한 광주의 희생도 이런 맥락에서 볼 수 있다.

이러한 폭력적 냉전 시대의 마녀 사냥은 여러 가지 형태로 계속된다. 나 또한 KAL기 가족들과 함께 재조사를 요구하며 이 사냥의 표적이 되기도 했다. 수사 결과를 옹호하는 이들은 나 같은 사람을 종북이라 부른다. 이유는 간단하다. 북쪽이 책임을 부인하고 있기 때문에, 재조사를 요구하는 것은 북을 이롭게 한다는 것이다. 그러므로 당신은 북의 지령을 받았다고 할 수 있다 ……. 자, 이제 김현희마저 이 단어를 쓰고 있다, 종북이라는 마법의 단어를. ▨

이제 나는 사직한 지 얼마 안 된 교수로서 새로운 학교에 적응하기 시작했다. 새 학기를 맞이해 학생들을 위한 개강 모임이 마련됐다. 정식 교원은 아니지만 학생들에게 소개할 기회를 얻었다. 감회가 새로웠다. 이는 새내기 교수로서의 지난 시간을 떠올리게 했다.

ಬಾ

교수로서의 첫 학기, 첫 개강 모임에 모든 학생들과 선생들이 모였다. 일반적인 정보 공유 시간이었다. 선생들은 자신을 짧게 소개하고 수업에 대해 설명했다. 내가 이 학교에서 일을 새로 시작하며 학생들을 만날 첫 기회였다. 그곳에 도착한 지 2주일이 지난 뒤였다. 새로운 나라, 새로운 사람들, 비록 면접을 위해 한 번 방문하기는 했지만, 학생들은 말할 것도 없고 모든 것이 새로웠다. 그래서 나로서는 첫 만남이 중요했다. 이 모임에 대해 많이 생각해 봤다. 나를 소개할 내용과 수업에 대한 이야기들, 그리고 오늘, 선생님이 한 명씩 소개하기 시작했다. 이윽고 내 차례였다.

"안녕하세요. 제 이름은 박강성주입니다. 뵙게 되어 반갑습니다."

순간 학생들이 크게 박수를 친다. 나는 그저 기본적인 내용을 짧게 말했을 뿐이다. 특별한 것이 없었다 ……. 단, 그 말을 현지어로 했을 뿐이다. 이렇게 나는 교수로서, 학생들과 처음 만났다. 학생들의 박수는 내게 필요했던 용기를 주었다. 조금 비슷한 일이 다음 학기에도 일어났다. 개강 모임 공지에 모호한 점이 있어, 나는 모임에 늦고 말았다. 내 연구실 전화가 요란하게 울릴 때 뭔가 잘못됐다고 직감했다. 당혹스러웠다. 학생들과 선생님들이 나를 기다리고 있었다. 특히 학생들을 생각하니 참으로 미안했다. 그런데 내가 모임 장소에 들어섰을 때 어떤 일이 일어났는지 아는가? 학생들이 박수를 쳤다. 나를 맞이한 것은 기다림에 지친 얼굴이 아니라 박수였다. 그랬다. 학생들은 나를 좋아하는 듯했다. 나도 학생들이 좋았다.

하지만 때로 뜻밖의 일이 일어나기도 한다. 평가 수업 중 하나로, 학생들에게 차례로 발표하도록 했다. 나는 발표를 듣고 짧게 의견을 적었다. 2주 뒤 이런 의견과 함께 성적이 나갈 예정이었다. 복잡하지 않았다. 문제는 그때 내가 다른 데 신경을 쓰고 있었다는 점이다. 학생들 발표에 집중이 잘 되지 않았다. 매년 11월 29일, 나는 좀 민감해진다. 바로 KAL858기 사건이 일어난 날이기 때문이다. 이 중요한 날을 나만의 방식으로 맞이해 왔다. 11월 29일을 며칠 앞두고 매년 글을 써서 발표하는 것이다. 주로 인터넷 신문에 글을 보냈다. 그날도 예외는 아니었다. 다만 글을 좀 늦게 쓰게 됐다. 11월 28일, 그러니까 추모제 하루 전에 글을 보냈다. 더 정확히 말하면, 내 수업 직전에 글을 보냈다. 그래서 말 그대로 강의실로 쏜살같이 뛰어가야 했다. 수업을 바로 시작하고, 자리에 앉아 발표를 들었다.

하지만 나는 조금 전에 보낸 글을 생각하고 있었다. 수업은 어쨌든 계속 진행됐다. 수업을 끝내기 전, 어느 학생이 오늘 있었던 발표들에 대해 어떤 의견이 있느냐고 물었다. 어차피 나중에 공식적으로 평가 내용을 알려줄 것이어서 질문에 제대로 답하지 않았다. 그런데 그 학생은 계속 요구했다. 난감했다. 어떤 발표는 좋았고, 어떤 발표는 그렇지 않았다. 그리고 각 발표는 나름의 강점과 약점이 있었다. 어떤 학생들은 이런 이야기에 당황스러워할 수 있으므로, 이를 구체적으로 공개하고 싶지 않았다.

그래도 학생의 계속되는 요구를 무시할 수 없었다. 그래서 대략 다음과 같이 답변을 시작했다.

"음 ……, 어떤 발표는 자료 조사를 잘했고요, 어떤 발표는 좀 부족했습니다. 그리고 ……."

그리고 ……? 어? 갑자기 아무 생각도 나지 않았다. 말이 멈췄다. 이어진 침묵 ……. 학생들 앞에서 아주 당혹스러웠다. 그러자 또 다른 학생이 질문했다.

"제 발표에 대해서는 어떻게 생각하세요?"

"아, 오늘 그 주제에 대해 제가 전문가는 아니지만, 그러니까 ……."

다시 멈췄다. 침묵 ……. 또 다시 난감한 상황. 그리고 이 침묵은 처음 내게 의견을 요구했던 학생에 의해 깨졌다.

"내 생각에 네가 한 발표는 ……."

구체적인 평가가 이어졌다. 이 말을 들으며 얼마나 부끄러웠는지 모른다.

"저보다 낫네요. 고맙습니다."

학생에게 말했다. 그리고 수업을 끝냈다. 끔찍한 악몽을 꾼 느낌, 나는 쥐구멍에라도 숨고 싶었다. 그 속에서 나오고 싶지 않았다. 다음 시간에 학생들을 어떻게 볼 수 있을지 몰랐다.

마음 깊은 곳에서, 나는 뭔가를 인정해야만 했다. 만약 내가 학생들 발표에 제대로 집중했다면 그 질문에 어떻게든 답을 할 수 있었으리라. 부분적으로 문제는 내가 쓴 KAL858기 글에 있었다. 핵심은 KAL기 사건이라 볼 수 있다. 나는 이 부끄러운 수업을 이 사건에 쏟은 정성에 대한 대가로 받아들였다. 그래, 때로 우리는 우리가 가장 아끼는 것에 상처를 받곤 한다. 다음 날인 11월 29일, 놀라운 일이 벌어졌다. 내가 보낸 글이 그 신문에서 가장 많이 읽힌 글로 기록됐다. 이 기록은 며칠 동안 유지됐다. 나의 가장 성공적인 글은, 가장 당황스러운 수업의 결과였다.

이와 동시에 내가 어떤 변명을 만들고 있지 않나 고민했다. 잊지 말자. 비록 늦긴 했지만 나는 수업 전에 글을 써서 보냈다. 일이 끝났다. 그렇다면 이제 수업에 집중할 수 있었다. 하지만 왜 글에 대해 계속 생각했을까? 일을 제대로 하지 않은 것은, KAL기 사건 때문이 아니라 나 때문이었다. 그래, 바로 나였다. 내 자신이 문제였다. 수업에 집중할 수 없었다고? 아마도 집중하고 싶지 않았을지 모른다. KAL기 사건을 끌어들이려 하지 마라. 간단하다. 내가 문제를 인정할 수 있을 만큼 용기가 없었다. 솔직하지 못했다. 이 마음의 목소리에 고개를 떨구었다. 무슨 말을 해야 할지 부끄럽고 또 부끄러웠다.

'하지만, 그래도 …….' 나는 생각했다. '그래도 ……. 만약 KAL858기 사건이 아니었다면 그 글은 처음부터 쓰지 않았을 거야.' 그래, 또 시작이구나. '후 ……, 모르겠다. 나도 모르겠어.' 혼란스러웠다. '계속 몸부림치고 싶진 않다. 평화로우면 좋겠는데.' 그렇다. 나는 행복해지고 싶었다. 좀 더 즐거운 것을 바랐다. '내가 KAL기 사건을 만나지 않았다면, 내가 이 사건을 연구하지 않았다면…….' 그래, 지치고 싶지 않다. '만약 정부의 요구대로 했다면, 그때 논문을 수정했다면 …….' 어쩌면 나는 잘못된 선택을 했을지도 모른다. 'KAL858기 사건이 내게 오지 않았으면 좋았을 텐데. 이 모든 것이 일어나지 않았으면 좋았을 텐데 …….'

그 순간 뭔가 떠올랐다.

"그런 시간을 보낸 이들은 모두가 그래요. 하지만 그건 그들이 결정할 수 있는 일이 아니지요. 우리가 결정해야 할 일은 주어진 시간에 무엇을 할 것인가예요."

너무나 지쳐 거의 잠에 빠지려 했다. 기지개를 켰다. 하품을 하면서 책장에 있던 DVD 세트를 발견했다. 〈반지의 제왕〉이었다. 박사논문을 마치고 내가 내 자신에게 준 선물이다. 표지에는 여러 인물과 함께 프로도와 간달프가 있었다.

이는 또 다른 일을 떠올리게 했다. KAL858기 추모제에서 박사논문을 발표해 달라는 요청이 있어 잠깐 한국에 간 적이 있다. 이 초대는 사건 발생 25년과 맞물렸다. 한국을 다시 떠나기 전, 나는 참 특별한 친구를 만났다. 우리는 내 논문과 관련한 대화를 나눴다. 아마도 나 자신과 사건, 곧 연구자와 연구 대상의 분리 문제를 얘기했을 때였으리라. 우리 옆에 어떤 대통령 후보의 현수막이 있었다. 이 후보는 인권변호사 출신으로 2012년 야당을 대표해 뛰고 있었다. 비극적으로 삶을 마친 노무현 전 대통령의 측근이자 평생 친구라고 할 수 있는 사람. 후보는 그와 노 전 대통령을 분리하는 데 애를 먹는 듯했다. 나는 이 후보에게서 흡사 내 모습을 보았다. 아마도 내 상황이 더 심각했을지 모른다. 아니면 그 반대일 수도 있다.

한 가지는 확실했다. 나는 사건에 깊이 몰입해 있었다, 너무나 몰두해 빠져나오기 어려울 정도로. 사람들은 내게 이 소재와 거리를 둘 필요가 있다고 경고했다. 애정 어린 조언이었고, 나도 동의했다. 하지만 어느 순간부터 어떻게 거리를 둬야 할지 몰라 헤맨 듯하다. 박사논문을 쓰고 나서 나는 달라질 줄 알았다. 아니었다. 이 사건에서 영원히 벗어나지 못할 듯한 두려움을 느꼈다. 나는 푹 빠져버렸다. 갇혀버렸다, 무기징역에 처한 것처럼. 바로 그 순간 눈물이 터져 나왔다. 이 모습에 친구는 당황했다. 나는 무서웠다. 이 '무기징역'을 어떻게 버텨낼 수 있을지 몰랐다.

친구와 헤어지고 나서, 오랫동안 길을 걸었다. 어둡고 추운 12월 밤이었다. 나는 십 대 때 아버지를 여읜 뒤 그렇게 눈물을 많이 흘린 적이 없었다. '이 눈물을, 그리고 이 12월을 결코 잊지 않으리라.' 그렇게 다짐했다. 이 무기징역을 받아들이겠다고, 이것을 나의 운명으로 받아들이겠다고 다짐했다. 그렇다. 운명, 아주 고지식하게 들리는 말, 너무나 무겁게 들리는 말. 하지만 그것이 내가 느낀 바였다. '그래, 끝까지 가보자. 이 끝에 무엇이 있을지 나도 모른다. 누가 기다리고 있을지 모른다. 하지만, 이것이 내가 바라는 바다. 그래, 끝까지 가자. 끝까지.' 내가 잘못 생각했을 수도 있다. 내 자신을 질식시킬 수도 있다. 그래도 간달프가 말하지 않았던가. "우리가 결정해야 할 모든 것은, 주어진 시간에 무엇을 할 것인가"라고.

이런 생각은 박사논문 이후의 삶에도 영향을 줬다. 쉽게 말해 나의 강의와 연구 말이다. 어느 분야에서나 마찬가지로, 학문 활동에서 강력한 동기가 가장 중요하다고 믿었다. 이 부분을 특히 학생들에게 강조했다. 내 자신에게도 말했다. '선생으로서의 내 과제는 지식 전달이 아니다. 학생들의 숨어 있는 동기와 잠재력을 일깨우는 것이다. 그리고 그 상태를 유지할 수 있게 돕는 것이다.' 내가 교수가 된 지 한 달이 되고 받은 전자우편은 적어도 학생들 일부가 내 말을 알아들었음을 증명했다.

"제 언론학 수업 과제 중 하나로, 연구자들을 인터뷰해야 합니다. 제 친구에게서 선생님이 강의와 연구에 대해 열정적으로 얘기했다고 들었습니다. 그래서 이 과제를 받자마자 선생님을 떠올렸습니다."

정말 놀랐고, 진심으로 영광이었다. 내게 참 많은 것을 의미했다.

"편지 정말 고맙습니다. 참 놀랐어요! 글을 읽으며 영광스러웠습니다. 아마 저보다 자격이 되는 연구자들이 많겠지만, 원하신다면 인터뷰에 응하고 싶습니다. 이거 참 떨리네요!"

이 학생은 여러 내용에 관해 질문했다. 예를 들어 나의 박사논문 연구가 내게 무엇을 뜻하는지, 학문 연구의 가장 중요한 점은 무엇인지, 그리고 내가 계획하고 있는 연구 등이었다. 이 학생으로부터의 인터뷰 요청은 내가 방향을 잘 잡고 있다고 일러줬다. 그리고 나는 학생들이 정말 고마웠다. 그들에게 잘해주고 싶었다.

같은 학기, 어떤 학생들은 내게 다른 상황을 맞이하게 했다. 한 수업에는 수강생의 3분의 1만 출석했다. '결국 내 우려가 현실이 됐나?' 스스로에게 물었다. 이 수업은 원래 다른 사람이 개설하고 진행하기로 되어 있었다. 하지만 예상치 않게 내가 넘겨받았다. 나는 전체 주제 중 일부에만 익숙한 상태였다. 그래도 선택의 여지가 없었다. 불행히도 이는 내가 충분히 준비되지 못했다는 뜻이었다. 나는 학생들에게 솔직해야 한다고 생각했다. 그래서 첫 시간에 내가 수업을 맡게 된 배경을 설명하며 말했다.

"최선을 다하겠습니다. 서로 같이 배웁시다."

그래, 나는 노력했다. 그렇게 하지 않으면, 결국 피해는 학생들에게 돌아가기에. 하지만 가끔 나는 수업에 만족하지 못했다. 그러다 그날이 온 것이다. 자연스럽게 나는 결석이 많은 이유가 나 때문이라고 생각했다. 학생들을 탓해서는 안 될 일이었다.

"여러분, 환영합니다. 와주셔서 고맙습니다. 그런데 보시듯, 오늘은 몇 명만 나왔습니다. 선생으로서 이 책임은 저에게 있다고 생각합니다. 여러분, 미안합니다."

어떤 이들이 고개를 흔들었다. 한 학생은 말했다.

"아니에요. 선생님 잘못이 아니에요."

나는 계속 노력하고 더 잘하고 싶었다. 왜냐하면 나와준 학생들이 아직 있었기에.

학기의 마지막을 한 주 앞둔 시기에 나는 바빴고, 수업 중 하나를 제대로 준비하지 못했다. 가슴 졸이는 상태에서 아무튼 학생들 앞에 섰다.

"여러분, 환영합니다. 늘 그렇듯, 오늘 와주셔서 고맙습니다. 그리고 오늘은……."

"선생님, 실례합니다!"

한 여학생이 소리쳤다. 그리곤 내게 곧장 다가왔다. 나는 놀랐다. 그녀 손에 뭔가 있었다.

"오늘 저희들 마지막 수업이기 때문에 깜짝 행사를 시작하겠습니다. 그동안 저희를 가르쳐주시고 돌봐주셔서 감사드리려고요, 그래서 이걸 준비했습니다. 고맙습니다!"

학생은 단정하게 포장된 선물을 내밀었다. 내심 놀랐다.

"아……. 무슨 말을 해야 할지……. 와, 고맙습니다. 정말 고마워요. 참 대단합니다."

이게 내가 말할 수 있는 전부였다. 학생들에게 선물을 받으리라곤 전혀 예상하지 못했기 때문이다. 이와 동시에 그날 수업을 어떻게 진행할지 계속 고민하고 있었기에 그랬다. 솔직히 기쁘기보다는 수업 때문에 걱정이 됐다. 미안한 생각이 들었다. 어, 그런데 잠깐……. 마지막 수업이라고? 학생들 사이에서 학기가 일찍 끝날 것이라는 소문이 있었다는 말이 떠올랐다. 사실 나는 강의계획서에 마지막 수업이 다음 주라고 분명히 써놓았다. 그렇지만 무슨 이유에서인지 학생들이 오해를 하고 있었다.

"여러분 미안하지만, 한 가지 좀 짚고 넘어갈 게 있습니다. 아쉽게도 (?) 오늘이 마지막 수업이 아니에요. 다른 몇몇 학과가 이번 주에 마지막 수업을 한다고 듣긴 했습니다. 그렇지만 우리는 아니에요. 강의계획서에도 나와 있듯이, 우리는 다음 주에 마지막 수업을 합니다."

다행히도 이날 수업은 비교적 무사히 진행됐다. 연구실로 돌아온 나는 뭔가를 깨닫기 시작했다. 바로 작별과 관련된 그 무엇 말이다. 나는 학생들과 다음 주에 마지막 수업을 하리라 믿었다. 학생들은 이번 주에 마지막 수업이 있다고 믿었다. 학생들은 작별을 할 준비가 되어 있었지만, 나는 그러지 못했다. 나는 학생들과 시간을 더 보낼 수 있다고 기대했지만 학생들은 아니었다. 나는 수업이 다음 주에 끝난다고 알고 있었고 그래서 어느 정도 준비가 되어 있었지만, 여전히 혼란스럽고 좀 놀란 느낌이었다. 그런데 내가 만약 '전혀' 모르고 있었다면 어땠을까? 전혀 준비가 되어 있지 않았다면? 그 충격을 생각해 보라. 그 절망감을 ……. 

문득 한 생각이 떠올랐다. 'KAL858' ……. 사람들이 갑자기 사라졌다. 그분들은 준비가 되어 있지 않았다, 그 가족분들도. 그 어떤 예고도 없이 그냥 그렇게 실종됐다. 그렇다. 나는 KAL858기 사건을 생각했다. 학생들의 깜짝 선물과 학생들의 오해와 KAL기 사건을 연결시키는 것은 아마 나를 빼고는 누구도 생각하기 어려운 일 아닐까. 실종자와 그 가족들의 충격을 고민해 볼 수 있는 시간, 바로 학생들이 내게 선물해 준 전혀 예상치 못한 순간이었다.

참으로 고마운 마음에, 학생들이 준 선물 포장지에 먼저 입을 맞췄다. 나는 천천히 이 선물을 보며 조심스레 포장지를 걷어냈다.

"아 …….''

채식 요리책이었다. 학기가 시작되고 학생들에게 뭔가 좋은 일을 해 주고 싶었다. 그래서 내가 계산하기로 하고 점심 식사를 같이 하기로 했다. 우리는 시내 식당으로 갔다. 그 자리에서 학생들은 내가 채식을 한다는 것을 알게 됐다. 학생들이 바로 그것을 기억해 준 것이다. 얼마나 다정한가. 요리책에 입맞춤을 했다. 영광스러웠다. 학생들이 나의 노력을 인정해 준 점이 진심으로 자랑스럽고 영광스러웠다. 수업 관련해 결국 가장 중요한 것은 학생들이다. 그들의 반응과 평가, 그리고 이 요리책은 비교적 내가 잘 가르치고 있다고 말해주었다. 새내기 교수로서 날아갈 듯 기뻤다.

어떻게 마무리하느냐는 어떻게 시작하느냐와 마찬가지로 늘 중요하다. 그다음 주, 마지막 수업을 했다. 먼저 한국의 선물 문화에 대해 얘기했다. 곧 선물을 준 사람 앞에서는 선물을 열어보지 않는다고 말하며 내가 그렇게 했던 이유를 설명했다. 그리고 선물에 어떻게 입맞춤을 했는지 말했다. 이 이야기를 듣고 학생들이 즐거워했다. 수업이 끝나고 한 학생이 물었다.

"다음 학기에도 수업하시는 거죠?"

다음 학기. 토론 수업을 하다 동기 상실 또는 동기 저하 문제가 논의됐다. 내가 논문 쓰기와 관련해 동기부여의 중요성을 강조하고 있을 때였다. 수업 자체가 논문 관련 내용이었는데 첫 시간을 아무 말 없이 영상하나로 시작했다. 강의실을 좀 어둡게 만든 뒤 영상을 틀었다. 학생으로 보이는 듯한 이가 운동장을 뛰고 있다. 이 마라톤 훈련생은 매우 지쳐 보인다. 코치가 그를 멈춰 세우려 한다. 하지만 그는 계속 달려 운동장 100바퀴 돈 뒤 쓰러진다. 숨을 거칠게 몰아쉬며 힘겹게 일어선 그는 코치의 손을 자신의 심장에 갖다 댄다. 코치가 놀란 눈으로 그를 바라본다. 영상은 여기서 끝난다.

내가 입을 열었다.

"이 영화는 〈말아톤〉이라고 합니다. 주인공은 운동장 100바퀴를 돌고 있었습니다. 코치가 그냥 지나가는 말로 툭 던졌는데도요. 보셨듯이, 코치가 이 학생이 정말 100바퀴를 돌고 있음을 깨달은 뒤 멈춰 세우려 하죠. 문제는 주인공이 장애를 갖고 있다는 겁니다. 정신적 장애가 있거든요. 여기서 주인공은 그가 할 수 있고, 하고 싶은 것을 했습니다. 이것이 핵심입니다. 영상에도 나왔듯, 글쓰기는 바로 여러분 심장에서 시작하는 거예요."

나는 가슴에 손을 얹었다.

"바로 여기, 여러분들 가슴에서 ……."

그리고 덧붙였다.

"물론 여러분들 기술이 좀 필요할 수 있어요. 수업에서 배우는 부분 이것은 우리가 같이 할 수 있습니다. 하지만 여러분의 심장, 열정, 이것은 여러분 스스로 해야 돼요. 오직 자신만이 할 수 있습니다. 여러분이 직접 해야 하는 일입니다."

몇 주 뒤 내가 동기부여와 관련된 이야기를 다시 잠깐 했을 때 한 학생이 말했다.

"저는 동기 저하가 더 중요하다고 생각해요. 물론 저도 논문을 쓰고 싶어요. 그런데 다른 일들이 많거든요. 시간이 별로 없어요. 다른 수업들도 있고 부전공 공부도 해야 하고. 이런 문제들이 의욕을 떨어뜨려요."

동기 저하 ……. 참 적절한 단어라고 생각했다.

"무엇보다 먼저, 그 사정이 참 안타깝습니다. 네, 동기 저하. 아주 중요한 문제를 말해주었어요. 그렇죠. 아주 힘든 문제죠."

진심이었다. 뭔가를 하고 싶지만, 상황이 그것을 허락하지 않을 때가 있다. 아무리 강력한 동기가 있더라도 환경이 받쳐주지 않으면 일은 꼬

인다. 내가 직접 겪어봐서 안다.

새로 시작할 일을 제대로 준비하기 위해 학교에 빨리 도착하고 싶었다. 학기가 시작되기 약 한 달 전부터 계획했다. 그런데 학사 일정을 고려할 때 채용 공고나 절차가 좀 늦게 진행됐다. 물론 이 자리를 얻어 정말 감사했다. 그런데 거주 허가증 문제와 맞물려 절차가 늦어진 탓에 2주 전에야 도착했다. 내가 어찌할 수 없는 일이었다. 그래서 시간이 충분치 않았다. 새로운 제도에 적응하기, 낯선 사람들, 새로운 연구실, 은행 계좌 열기, 새로운 숙소 구하기, 강의계획서 만들기, 수업과 규정에 대한 여러 가지 서로 다른 정보들 ……. 모든 것들이 짧은 시간 안에 일어났다. 결국 첫 수업을 시작하기도 전에 지쳤다. 어떤 면에서 보면, 전통적인 행위자-구조의 문제라 할 수 있었다. 어려운 환경에서 힘겨워하는 개인의 문제다.

은행 계좌 사례를 보자. 정확한 이유는 모르겠지만, 계좌를 만드는 데 필요한 서류를 내가 아닌 학교가 은행에 내도록 되어 있다. 이렇게 하는 데는 시간이 좀 걸렸다. 약속 시간에 은행에 갔는데 직원이 말하길 학교에서 필요한 서류를 제출하지 않았다고 했다. 은행의 도움을 받아 학교로 전화를 했고, 은행 직원의 말이 맞았다는 것을 확인했다. 그런데 나중에 들으니 학교에서는 서류를 분명히 보냈다. 다시 말해 실수를 한 쪽은 은행이었다. 참 혼란스러웠다. 은행에 다시 가서 계좌를 개통했는데, 이미 일자가 늦어 첫 월급을 학교에서 현금으로 받아 내 계좌에 입금을 해야 했다. 적지 않은 시간과 기력을 낭비했다.

숙소도 문제가 있었다. 비록 비싸긴 했지만, 운 좋게도 현지에 도착하기 전에 방을 구했다. 그런데 2주 동안만 머물 수 있었다. 그 뒤에 새로운 방을 찾아야만 했다. 꽤나 다행히도 같은 건물에 있는 다른 방으로 옮길 수 있었다. 하지만 이 역시 임시 공간이었다. 2달 안에 새로운 방을 찾아야 하는 상황이었다. 방을 구한 것 자체는 감사했지만 3개월 안에 세 번이나 방을 옮겨야 하는 건 큰 스트레스였다. 새로운 방을 찾을 때까지 지속된 불확실성, 그리고 짐을 챙기고 다시 푸는 일의 반복. 게다가 두 번째로 옮긴 숙소는 시끄러운 길 바로 옆에 있어 나는 자정이나 새벽 1시에 잠에서 깨곤 했다. 다시 자려 했지만, 늘 쉽지 않았다. 그렇게 일어난 날은 하루를 거의 망치곤 했다.

그렇다면 연구실은 어땠는가? 처음에는 임시 연구실을 주고, 얼마 후 정식 연구실을 줄 것이라고 들었다. 그래서 도착 직후에는 다른 선생님과 임시 연구실을 같이 썼다. 나는 해야 할 수업과 논문 지도 등 업무가 많은 조교수였다. 내가 개인 연구실을 빨리 갖고 싶어 하는 것은 당연했다. 적어도 첫 수업이 시작되기 전에 말이다. 그런데 강의가 시작되고 그 주가 지났는데도 연구실에 대해 아무런 소식을 듣지 못했다. 담당자에게 몇 번 연락을 해보니, 만약 개인 연구실을 갖고 싶다면 다른 건물로 옮겨야 한다는 말을 들었다. 지금과 같은 건물에 머물고 싶다면 임시로 사용하는 연구실에 남아야 했다. 역시 '임시로' 머물고 있는 나의 방까지 생각하니, 몇 번을 더 이사해야 하는 상황이었다. 정말 쉽지 않은 일이었다.

한편 내가 쓰던 컴퓨터에도 문제가 있었다. 화면이 너무 컸다. 그래서 눈이 쉽게 피로해지는 듯했다. 담당 부서에 연락했지만, 내가 바라는 모니터는 없다고 했다. 그러고는 건강 관련 부서와 얘기를 해보라는 조언을 들었다. 눈이 피로해지는 것에 대해 논의를 해보라는 뜻이다. 실망한 나는 컴퓨터 부서를 직접 찾아갔다. 우연히도 그곳에서 작은 모니터가 사용되고 있는 것을 봤다. 담당자는 내 상황에 공감했고, 내가 사용하는 큰 모니터와 그곳의 모니터를 바꿀 수도 있을 것 같다고 했다. 이 뜻밖의, 그리고 아주 친절한 제안이 나를 살렸다.

　연구실 문제로 돌아가면, 나는 개인 연구실을 간절히 바랐기 때문에 이사를 하기로 결정했다. 마음은 정했지만, 행정실에서 새 연구실을 배정해 주는 것은 또 다른 문제였다. 생각보다 빨리 진행되지 않았다. 그래서 연락을 한 뒤 직접 사무실을 찾아갔다. 그런데 시기가 좋지 않았다. 행정실 자체도 새로운 공간으로 이사를 하는 중이라 여러 가지로 바빴다. 우리 모두 스트레스를 받았다. 다행히도 행정실에서도 내 상황을 이해해 주었다. 다음 날, 드디어 연구실이 확보됐다는 소식을 들었다.

　"고맙습니다. 정말 고맙습니다!"

　자, 이제는 이사할 일이 남았다. 책과 문서들로 가득한 상자들이 많았다. 약 10개, 여기에 컴퓨터와 모니터까지 아무리 생각해도 혼자서 옮기기에는 너무 많았다. 더 큰 문제는 이사 갈 건물이 그리 멀진 않았지만 길 자체가 험했다. 작은 다리를 하나 건너야 했다. 그래서 처음에는 학교 쪽에 도움을 요청하려 했다. 그러나 컴퓨터 화면 교체 등 여러 가지를 고려했을 때 일을 더 복잡하게 만들고 싶지 않았다. 그래서 그냥 혼자 하기로 했다. 건물 사이를 몇 번이나 왔다 갔다 했다. 어느 순간에는 너무나 지친 나머지 누군가 도와준다는 말을 했는데도 대답할 힘이 없었다. 나는 그 친절한 사람의 제안을 못 들은 척했다. 그렇게 학기 중간에 연구실을 겨우 마련했다. 이사는 아주 중대하고 현명한 결정이었다. 이 조용한 연구실은 (예상치 않은) 나의 계속된 어려움 속에 안식처로서 톡톡히 역할을 한다.

　몇 가지 '사건들'(왠지 이렇게 부르고 싶은)이 뒤따랐다. 강의 시간표 바꾸기가 대표적이다. 첫 번째 학기부터 학교 측은 내가 바란다면 시간표를 바꿀 수 있다고 말했다. 두 번째 학기 수업을 보니 시간을 바꿀 필요가 있을 듯했다. 그래서 첫 번째 학기가 끝날 무렵 학교 쪽에 다음 학기 시간을 바꿔도 되냐고 물었고, 그렇다는 답변을 들었다. 나는 모든 것이 잘될 줄 알았다. 그런데 새 학기가 시작될 때가 됐는데도 예전 시간표가 그대로 올라와 있었다. 학교 측에 연락을 했더니 내가 바라는 시간대에 빈 강의실을 찾을 수 없었다고 한다. 글쎄, 학기가 곧 시작될 테니 되도록 빨리 일을 해결해야 했다. 안 그러면 학생들이 혼란스러워할 것이 뻔했다. 새로 바뀐 시간표가 학생들의 다른 수업과 겹치면 어떻게 되겠는가? 지난 학기가 끝날 무렵 미리 요청했던 이유다.

내가 상황을 설명하니 학교 측은 이 문제를 다시 살펴보겠다고 했다. 나는 연락을 기다렸는데 시간이 없었다. 첫 번째 수업을 일주일 앞두고 개강 모임이 있어 학생들에게 강의 시간을 아느냐고 물었다. 그들의 답변은 원래 시간표였다. 아직까지 시간표가 변경되지 않았다고 했다. 나는 재빨리 학생들에게 새로운 시간표를 말해줬다. 그리고 학교 측에 연락했다. 불행히도 담당자가 나오지 않았다. 그래서 새로운 이에게 모든 상황을 처음부터 다시 설명했다. 얼마 뒤, 시간표 변경이 불가능하다는 답변을 들었는데 빈 강의실이 없다는 이유였다.

이 사실을 접하고, 학생들에게 전자우편을 보냈다. 수업이 새로운 시간표가 아닌 원래 시간표대로 진행될 것이라는 내용이었다. 이어서 계획을 하나씩 바꿔야 했다. 왜냐하면 새로 변경될 시간표에 맞춰 일을 진행하려 했기 때문이다. 이해하기 어려웠다. 빈 강의실이 없다면 왜 미리 말해주지 않았을까? 시간표를 바꿀 수 없다고 처음부터 알고 있었다면 상황은 나았으리라. 내 소중한 시간과 기력을 낭비할 필요가 없었다. 학생들도 혼란스러워할 필요가 없었다. 깊은 절망감이 나를 사로잡았다. 하지만 현실을 받아들여야 했다. 그다음 주 첫 수업을 하러 가면서 빈 강의실 몇 곳을 볼 수 있었다. 이상했다. 꼭 바보가 된 느낌이었다. 그래도 수업을 하며 '내'가 학생들에게 혼란을 줘서 미안하다고 사과했다. 그다음 주, 두 번째 수업을 하러 가면서도 빈 강의실을 볼 수 있었다. 학기가 끝날 때까지 그 강의실들은 거의 그대로 비어 있었다.

다른 문제는 채점표와 관련 있다. 학생들 성적을 그곳에 기록하기로 되어 있었는데 뭔가 이상했다. 무슨 이유에서인지 몇 사람 이름만 적혀 있었다. 확실히 하기 위해 나는 전자우편의 첨부물을 다시 확인했다. 그 명단이 잘못된 것이었다. 그래서 어떻게 했을까? 나는 명단을 직접 새로 만들었다. 모든 학생 이름을 하나하나 확인하며 빠져 있는 이름을 직접 보태 넣었다. 어떤 경우는 담당 교수로 다른 사람 이름이 적혀 있기도 했다. 담당이 나였는데도 말이다. 거기 적힌 선생님이 원래 이 수업을 하기로 되어 있었다. 채점표는 새로운 사항을 확인하지 않고 만들어졌던 것이다. 이는 시간표 변경과 비교하면 그리 심각한 사안은 아니었다. 하지만 이런 문제들은 나를 행복하지 않게 해주었다.

이런 감정이 나만 느끼는 것이 아님을 알았다. 새로 이사한 연구실 문제로 돌아가 보자.

행정실에서는 연구실 열쇠를 관련 부서에서 받아갈 수 있도록 해주었다. 안내받은 대로 그 부서로 갔다. 담당자가 열쇠가 여러 개 들어 있는 상자를 살펴보고는 내 열쇠는 찾을 수 없다고 했다. 나는 다시 한번 확인해 달라고 요청했다.

"아니요, 없어요. 미안합니다."

행정실로 가서 이 상황을 설명했다. 담당자는 헷갈린다는 표정으로 기록을 다시 확인했다.

"맞는데요. 열쇠는 거기에 있어야 해요!"

이 직원과 같이 다시 부서로 갔다. 그리고 담당자와 아까 열쇠를 살펴봤던 사람 사이에 작은 실랑이가 벌어졌다. 열쇠 상자를 다시 확인하자 이상스럽게도 열쇠가 발견됐다. 돌아오는 길에 행정실 직원은 이렇게 말했다.

"흠……, 일을 좀 제대로 했어야지!"

그래, 이런 면에서 나는 혼자가 아니었다. 그리고 어찌 보면 불행한 일이었다. 크고 작은 사건들이 일어날 때마다 연구실은 내게 숨 쉴 공간이 되어주었다. 다른 문제들이 있었을 때도 이 조용한 연구실이 나를 위로해 주었다. 여기서는 먹는 행위도 아주 의미 있는 것이 된다. 내가 식사를 할 때, 더 정확히 말해 눈을 감고 음식을 씹을 때, 편안한 느낌이 들었다. 음식이 작은 조각들로 하나하나 나뉘듯, 내 스트레스도 그렇게 덜어지는 듯했다. 좋은 느낌이었다. 음식이 소화되는 것처럼 내 문제들도 어떤 형태로든 소화가 되는 듯했다. 기운을 다시 차릴 수 있었다. 가끔은 음악도 이 영혼 찾기 활동에 포함됐다. 만약 공동 연구실에 남아 있었다면 이 명상에 가까운 식사는 가능하지 않았으리라.

때로 나는 산책도 했다. 내가 머무는 지역에는 작은 수로가 여럿 있었다. 내가 가장 좋아하는 어떤 길가에 놓인 의자에 앉아 넘실대는 물을 볼 때 생각했다. '내 마음속에도 저렇게 넘실대는 파도가 있다. 제발 평화로울 수 있기를.' 햇빛이 물에 반사되어 비칠 때, 그래서 물 자체도 빛이 날 때, 나는 바랐다. '내 영혼도 저렇게 빛날 수 있기를. 내가 냉소적이 되지 않기를.' 그러고 나서 연구실로 돌아가 다시 일을 하면 감사하는 마음이 들었다. '그래, 적어도 나는 나만의 공간을 가지고 있어.' 내 연구실은 그렇게 크거나 아름답지 않았다. 하지만 나 자신을 받아들일 수 있을 정도로 컸고, 내 부담을 덜어줄 정도로 아름다웠다.

&

그렇더라도 일은 언제든지 일어날 수 있었다. 학과장이 내게 급히 전자우편을 보냈다. 나는 면담을 하러 갔다.

"수업 관련해서 불만이 접수됐어요."

이 수업은 누가 가르쳐야 하는지 정해지지 않은 채 개설됐다. 그러다 내가 수업을 맡기로 결정된 것이다. 논문 세미나였다. 논문을 지도한 경험이 없는 새내기 교수에게는 부담으로 다가왔다. 하지만 논문을 써본 경험을 되살려서 해볼 수 있을 듯싶었다. 실제로 지난 학기, 이런 경험 관련해 학생의 인터뷰 요청도 있지 않았던가. 첫 번째 시간에 학생들이 논문 쓰기 관련해 어떤 어려움을 느끼는지 설문조사를 했다. 그리고 수업 일정에 맞춰 그 문제들을 하나씩 다루기로 했다. 어떤 때는 간단히 숙제를 내주고 수업 시간에 이를 같이 살펴보기도 했다. 나는 수업이 비교적 잘 진행되고 있다고 느꼈다. 그런데 내가 면담에서 들은 이야기는 아주 달랐다. 어떤 학생들은 수업에서 배우는 것이 별로 없어 취소를 생각하고 있다고 한다. 그들은 뭔가 구체적인 내용을 바라고 있었다. 토론도 더 하고 싶어 했다. 그들은 내 지시 사항이 무엇인지 잘 모르겠다고 했다.

조금 충격을 받았다. 나는 구체적인 사례로 이미 통과된 논문들을 사용했다. 토론 시간도 자주 가졌다. 무엇보다 첫 시간에 학생들의 요구 사항을 듣고 이를 수업에 반영하려 애썼다. 그런데 어떤 이들은 수업을 그만둘 생각까지 하고 있었다. 만약 그렇다면, 어찌 됐든 선생의 책임이었다. 아마도 내 개인적인 경험을 너무 강조했나 보다. 아니면 내가 말한 내용을 학생들이 이미 알고 있었을 수도 있다.

"학생들 가운데 누가 이 문제를 직접 말하진 않았나요?"

"아니요, 아무도 ……. 그래서 저도 놀랐습니다."

규정대로 누군가 이 사항들을 내게 먼저 물어보았다면 좋았을 것이다. 하지만 학생들은 곧바로 학교 쪽에 연락했고, 학교는 학과장에게 이를 전했다. 왜 학생들은 내게 말하지 않았을까? 내가 너무 다가서기 어려워서였을까, 아니면 대부분의 학생들이 나를 처음 만나서였을까? 그것도 아니라면 나를 믿지 못해서? 정말 머리가 아팠다. 마치 탄핵당한 느낌이었다. 더는 학생들의 신뢰를 받지 못할 듯했다. '학생들이 나를 믿지 못한다면 일은 끝난 것이다. 내가 그들을 믿지 못해도 마찬가지다 ……. 하지만 적어도 나는 학생들을 믿어야 해.'

연구실로 돌아와 학생들의 불만을 하나씩 살펴봤다. 어떤 것들은 수업 시간에 내가 몇 번에 걸쳐 설명한 내용이었다. 또 어떤 것들은 곧 시작될 발표 수업 때부터 하려고 계획한 내용이었다. 의사소통 자체에 문제가 있지 않았나 고민했다. 다음 시간, 학생들 앞에 서는 데 많은 용기가 필요했다. 나는 오해를 풀려고 했고, 미안하다고 말했다. 그다음 주, 학생들의 발표 수업이 시작됐다. 나는 특별히 새롭게 하지 않았다. 불만이 접수되기 전에 이미 계획했던 것들을 그대로 했을 뿐이기에. 학생들이 작성한 논문계획서 하나하나에 나의 의견을 말해주는 것이었다. 수업이 끝났을 때, 학생들 모두 박수를 쳐주었다.

이 일로 다른 이들이 학생들에 대해 말해주었던 내용들을 떠올렸다.

"수업 준비 많이 하실 필요 없어요. 학생들이 공부를 안 하거든요."

"학생들 말 믿지 마세요."

이런 이야기를 들을 때마다 무시하려고 했다. 그래도 학생들을 믿어야 한다고 생각했다. 불신은 모든 것을 무너뜨릴 수 있다고 스스로에게 말했다. 그런데 이제는 내가 그동안 들었던 말에 부분적으로 동의하게 된 듯했다. '그 말이 맞는 부분이 있는지도 …….' 참 슬퍼졌다. 내가 지키려던 존재에게서 상처받았다.

이는 어떤 슬픈 기억으로 이어졌다. 전에 다른 사람들 관련해 비슷한 경험이 있었다. 내 친구들과의 대화 중, 특정 집단의 사람들이 비난을 받았는데, 나는 그들을 변호했다. 가까운 동료가 그 집단에 속해 있었고, 내 경험은 다른 사람들의 경험과 달랐기 때문이다. 그런데 얼마 뒤 내가 변호했던 동료는 다른 이들이 말했던 그런 행동을 통해 나에게 깊이 상처를 주었다. 나는 부당한 대우를 받았지만 그 상황에서 아무 말도 할 수 없었다. 뭔가 내 가슴속을 후벼 팠다. 어떤 배신감 같은 …….

다시 학생들 문제로 돌아가 보자. 나는 "물론 늘 그렇지는 않아"라고 내게 말했다. 어쨌거나 결국 수업 관련 문제를 풀어야 할 최종 책임은 선생에게 있었다. 선생들은 적어도 그런 노력을 해야 한다. 그렇다. 나는 계속 노력해야 한다. 왜냐하면 불신은 모든 것을 무너뜨리므로.

# 2015년 11월 27일, YTN

KAL858기 추모제 이틀 전이다. 비행기는 11월 29일에 사라졌다. 나는 김현희가 올해도 언론에 나오지 않을까 예상했다. 불행히도 예감은 맞았다.

방송 진행자가 잘 지내셨냐고 김현희에게 물었다.

"이제 내일모레가 11월 29일입니다. KAL기 폭파 사건이 일어난 지 28주년이 됩니다. 세월이 그만큼 많이 지나갔지만 뭐, 아픔 슬픔이 그렇게 치유할 수 있고 다 말로 표현할 수 있겠습니까? 잊을 수 없고, 그래서 다시 한번 이 자리를 빌어서 희생자분들과 또 가족분들에게 사죄의 말씀을 드립니다"(YTN, 2015.11.27).

후회하는 표정의 김현희가 조용한 목소리로 답했다. 그리고 이전까지 반복되어 온 것과 비슷한 이야기가 20분 정도 이어진다.

"그런데, 제가 말 한마디 하고 싶은 것은 ⋯⋯."

방송이 끝날 무렵 김현희가 말한다.

"네, 마지막으로."

진행자가 손짓으로 받아준다.

"2003년에 노무현 정권 때 이렇게 집에서 쫓겨나 가지고 지금까지 13년 넘게 아직도 힘든 그런 피난 생활을 하고 있는데, 자유민주주의국가 아닙니까, 대한민국은? 그런데 국가가 이렇게 개인을 핍박하고, 또 역사를 왜곡해서 가짜 몰이를 하는 불법·문제 행위를 해놓고는 거기에 대해서 아무런 사과도 없고 ⋯⋯."

공격적인 어조로 김현희가 말했다.

KAL858기 가족들이 어떻게 반응하실까 궁금했다. 나는 이 방송을 한 국에 돌아왔을 때 다시 떠올렸다. 서울의 한 대학교 연구실에 임시로 머 물렀다. 이 학교에는 위계질서에 굉장히 익숙한 듯한 분이 근무하고 계 셨다. 그분은 내가 하지 않아도 될 일을 거의 명령조로 시켰다. 이유는 무엇보다 내가 그분보다 나이가 어리기 때문인 듯했다. 기분이 나빴지 만 놀라지는 않았다. 과거 유교의 영향을 많이 받은 한국은 지금도 사회 생활에서 나이가 중요한 역할을 한다. 처음에 나는 하라는 대로 했다. 정당한 요청은 아니었지만, 받아들였다. 그러자 비슷한 요청이 그 뒤에 계속됐다. 나는 그분께 뭔가 오해하고 계신 듯하다고 설명했다. 그는 내 가 그냥 학생 조교인 줄 알았다고 했다. 그에게 나는 박사학위가 있는, 해외에서 온 방문 학자로 보이지 않았다. 그저 조교로 보였던 것이다. 아무튼 나는 이제 문제가 풀렸다고 생각했다. 하지만 그분은 마치 내 설 명을 전혀 못 들은 것처럼 이전과 마찬가지로 부당한 요청을 했다. 나이 를 포함한 위계질서라는 면에서 나는 그저 조교로 남아 있었다.

이 불편한 순간을 계기로 나는 위계의 경직된 속성을 돌아보게 됐다. KAL858기 사건이 생각났다. 이 사건에서 정부의 수사 결과는 절대적 진 실로 자리 잡았다. 바로 위계질서에서 가장 위에 있다. 가족들의 이야기 나 여러 가지 의문점은 다른 그림을 보여주지만, 이들은 모두 김현희 말 에 압도된다. 정부가 오랫동안 무시하거나 침묵시키려 했다. 김현희의 (문제가 많은) 진술을 근거로 한 수사 결과보다 더 중요한 것은 없다. 위 계질서 속에 확실히 자리 잡은 절대적 진실은, 다른 관점들을 음모론이 나 친북 발언으로 규정한다. 부족한 증거나 정보기관의 거짓은 신경 쓰지 않아도 된다. 위계질서의 맨 위에 있는 존재만이 중요할 뿐이다. 이런 점에서 김현희 방송과 나의 경험은 귀중한 것을 가르쳐줬다. 여러 가지 서사 사이의 위계와, 그 위계 자체를 가능케 하는 권력관계 말이다. ✖

'이번에는 제발 잘됐으면 …….' 연구실의 공용 전화기를 들었다. 번호를 하나씩 눌렀다.

"네, 국가기록원입니다. 무엇을 도와드릴까요?"

"아, 저기 지금 해외에서 연락드리는데요, 뭣 좀 하나 여쭤보려고 하거든요."

"예."

"제가 몇 년간 계속 보려고 했던 기록물이 하나 있거든요."

"저 그러시면 열람실로 전화하셔야 되거든요. 번호가 …….."

"죄송한데요, 혹시 그냥 바로 연결해 주시면 안 될까요? 제가 해외에서 연락드리는 거라 다시 하기가 좀."

"네, 사정은 이해하겠는데요, 저희가 최근에 전화 시스템을 바꿨거든요. 그래서 선생님이 직접 다시 연락해 주셔야 될 것 같아요. 죄송해요."

"아, 그러면 번호 불러주세요."

시작부터 문제에 부딪혔지만 그리 나쁘지는 않았다. 전화를 끊고 다시 번호를 눌렀다.

"국가기록원 열람실입니다. 무엇을 도와드릴까요?"

"네, 저 지금 해외에서 전화를 드리는데요, 제가 보고 싶은 기록물이 하나 있어서 좀 여쭤보려고 하거든요."

"네, 어떤 기록물인데요?"

"저기 KAL858기 사건, 김현희 사건이거든요. 제가 알기로 그 조사 기록이 진실화해위원회가 2010년에 해산되고 국가기록원으로 넘어왔습니다. 그래서 2011년에 제가 정보공개 청구를 하려고 기록원에 갔었거든요. 그런데 그때 기록이 이관되는 중이어서 신청 자체를 못 한다고 하더라고요. 그리고 그 뒤에도 연락을 몇 번 했는데 신청을 못 했거든요."

"네 ……."

"아, 그리고 저는 연구자거든요. 제가 전에 연락했을 때 들었는데, 학과장이나 책임자 서명이 들어간 문서를 제출하면 기록물을 볼 수 있다고 했는데, 맞는 거죠?"

"네네. 그러니까 해외에 있는 연구자라는 말씀이시죠?"

"네, 지금 해외 대학교에 있습니다, 유럽에."

"예 ……. 그럼 잠깐 기다려주실래요? 그 자료를 확인해 볼게요. KAL 858기 사건이라고 하셨죠?"

"예예. 제가 사실 홈페이지에서 기록물들을 좀 살펴봤거든요."

"네, 잠깐만 기다려주세요. 확인해 보겠습니다."

"네, 고맙습니다."

느낌이 괜찮았다.

"여보세요?"

"네네."

"예, 그래서 자료가 있거든요."

"아, 고맙습니다. 저 그러면, 혹시나 해서 다시 여쭤보는데요, 그 서명된 문서를 가지고 가면 자료를 볼 수 있는 거죠? 제가 왜 또 여쭤보냐면, 한국으로 직접 갈 거거든요. 자료 보러요, 비행기 타고."

"네, 그 문서 가져오시면 보실 수 있어요."

"알겠습니다. 그리고 괜찮으시면 한 가지 더 여쭤보려는데요. 그 자료들이 비공개 기록으로 표기가 되어 있거든요. 그런데 제가 그 문서를 가지고 가면 볼 수 있다, 그 말씀이시죠? 맞나요?"

"예. 그리고 홈페이지에 보시면 비용이 또 나와 있거든요. 복사를 하시거나 그러면, 그 문서를 제출하시면 50% 할인도 되고요."

"아, 알겠습니다. 정말 감사하고요, 그럼 들어가겠습니다. 고맙습니다."

기쁜 마음으로 전화를 끊었다. 이번에는 잘될 것 같았다. 그래서 한국으로 갈 준비를 시작했다. 먼저 학과장에게 국가기록원에 낼 문서를 부탁했다. 그리고 비행기표도 예약했다. 또 한국에서 머무를 방도 구했다. 한국에 도착하면 무척 바빠질 테고, 그래서 되도록 미리 준비하려 했다. 무엇보다 국가기록원 누리집을 다시 살펴봤다. 기록물 등록번호를 하나하나 적고, 정보공개 관련된 기록원의 규정도 꼼꼼히 읽었다. 최대한 집중력을 발휘해 열심히 준비했다.

એ

인천공항.

조심스러운 희망을 안고 한국에 도착했다. 일이 계획대로 잘되면 좋겠지만, 때로는 예상치 못한 일이 생길 수도 있다. 공항에 비행기를 타러 다시 올 때, 내 모습은 어떨까? 2017년이면 KAL858기 사건 30년을 맞는다. 30년 ……. 공식 수사 결과가 있음에도 재조사가 두 차례 시도됐다. 하지만 실종자 가족들을 비롯한 많은 이들이 아직도 1987년 11월, 무슨 일이 있었는지 정확히 모른다. 이 자료를 봐야 할 중요한 이유다. 나중에 알게 됐지만, 진실화해위원회 자료를 정보공개 청구로 본 사람은 없었다고 한다. 그래서 나는 이번 기회를 정말 최대한 활용하고 싶었다. 물론 자료들에는 특별히 새로운 내용이 없을 수도 있다. 그렇더라도 분명히 필요한 시도였다. '그래, 잘될 거야.' 나는 심호흡을 크게 하고 공항을 나섰다.

사흘 뒤, 시차 적응이 덜 된 상태에서 국가기록원으로 갔다. 서울 중심부에서 두 시간 정도 걸렸다. 먼저 지하철을 타고 버스로 갈아탄 뒤, 꽤 걸어야 했다. 5년 전에도 똑같이 그랬다. 그때는 일이 잘되지 않았다. 아주 무더운 여름날, 힘이 넘치는 태양이 내 주위를 맴돌았다. 나를 놀리는 듯했다. 그 태양이 싫었다. 결국 나는 힘없이 돌아가야 했다. 이번에는 과연 어떨까?

기록원 건물로 들어서니 작은 보안 검색대가 있었다.

"안녕하십니까. 가방을 여기에 놓아주시고요."

경비원이 말했다. 이 경비원을 따라 안내소로 갔다.

"저, 열람실에 가려고 하는데요."

"어떤 일로 가시는 거죠?"

"제가 좀 볼 자료가 있어서요."

"네, 그럼 신분증 주시고요. 그리고 여기 이것 좀 적어주세요. 이름, 전화번호 그리고 서명."

나는 여권을 건넸다.

"주민등록증 없으신가요?"

있었다. 하지만 보여주고 싶지 않았는데, 주소가 적혀 있었기 때문이다. 나는 개인정보를 최대한 숨기고 싶었다.

"아, 그게 제가 해외에서 일하고 있는 연구자라서요 ……."

경비원은 말없이 고개를 갸웃거렸다. 작성해야 할 문서를 보며, 이번에는 내가 고개를 갸웃거렸다.

"저 실례지만, 제가 휴대전화가 없거든요."

"그러면 일반 전화번호 적으세요."

"아, 제가 있는 숙소에도 전화가 따로 없어서요."

정말이었다.

"아니, 그럼 연락 가능한 번호가 아예 없어요?"

"한국에 있는 동안 어느 도서관에 있을 거거든요. 제 개인전화가 아니긴 한데 그럼 그거라도?"

경비원은 의심스러운 눈빛으로 바라봤다.

"음 ……. 그럼, 그냥 빈칸으로 놔두세요."

나는 문서를 건넸다.

"여기 방문객 명찰이고요, 돌아갈 때 반납하시면 됩니다."

"네, 고맙습니다."

좀 긴장된 상황이었지만 그리 나쁘지는 않았다.

열람실은 2층에 있었다.

"안녕하세요. 저, 해외에서 온 연구자인데요, 얼마 전에 전화를 드리기도 했거든요. 그 정보공개 청구를 좀 하려는데."

"네, 먼저 신청서 작성해 주시겠어요? 저 뒤에 있습니다."

신청서를 집어 들었다. 미리 인터넷으로 확인했기 때문에 익숙해 보였다. 그렇다, 나는 준비가 되어 있었다.

"여기 신청서 썼거든요."

"네, 저기 앉아서 기다려주세요."

지금까지는 괜찮다. 기다리는 동안 주위를 둘러봤다. 감시 카메라 몇 개가 보였다. 사람들이 왔다 갔다 했지만, 비교적 조용한 곳이었다. 그러다 몇몇 직원이 이야기를 나누며 고개를 흔드는 것을 봤다. 문제가 있는 듯했다.

"박강성주 선생님?"

"네."

"저는 여기를 책임지고 있는 과장입니다."

내 신청서를 손에 들고 있는 여성이 말했다.

"저기, 이 자료를 못 보실 것 같거든요."

"네? 그게 무슨 ……."

"이 자료들이 다 비공개 기록물이라 보여드릴 수가 없어요."

"예, 저도 알고 있거든요. 그래서 여기에 와서 신청을 한 겁니다. 한국에 오기 전에 제가 전화를 했었고, 그때 분명히 확인을 했거든요."

"글쎄요, 그때 어떤 말을 들으셨는지 모르겠지만 ……."

"아니요, 그때 그렇게 들었거든요 분명히. 누구신지 이름은 모르지만, 어떤 여자 분이었는데요."

과장은 주변의 직원들을 둘러봤다.

"여기에 보통 세 사람이 전화를 받거든요. 저, 그리고 아까 신청서 안 내한 분, 그리고 저분."

과장은 여성 직원을 가리키며 물었다.

"최근에 해외에서 온 전화 받은 적 있어요?"

"예 ……."

질문을 받은 직원이 혼란스럽다는 듯 답했다.

"저 죄송한데요."

내가 끼어들었다.

"제가 그때 전화했을 때 그러셨잖아요. 만약 그 서명된 문서를 가지고 오면 정보공개 청구할 수 있고, 그러면 자료들 볼 수 있을 거라고."

"……."

뭔가 크게 잘못된 느낌이었다.

"저기에서 좀 기다려주시겠어요?"

과장이 말했다. 나는 아무 말 없이 앉아 있던 곳으로 갔다. 직원들은 갑자기 바빠진 듯했다. 힘없이 앉아 고개를 숙였다. 한숨이 나왔다. '아 …… 어떻게 해야 하지?' 그저 앉아 있을 뿐 나는 미동도 하지 않았다. 머릿속이 하얘졌다.

"박강성주 선생님?"

과장의 목소리였다. 나는 일어서서 그쪽으로 갔다.

"죄송한데요, 먼저 말씀을 드리자면, 제가 비행기 타고 온 이유가 바로 자료를 보기 위해서거든요. 그리고 비행기 타기 전에 전화를 드렸고, 말씀하신 대로 문서도 가져왔잖아요. 그런데 지금 저보고 다시 돌아가라는 말씀인가요? 아니, 죄송한데 제가 지금 너무 혼란스러워서요 …….."

나는 화가 난, 그리고 힘이 없는 어조로 말했다.

"예예, 알겠습니다. 진정하시고요. 제가 전화받았던 직원하고 얘기를 해봤는데, 그 직원은 그렇게 말 안 했다고 하거든요."

"네? 아니요, 분명히 …….."

"예예, 잠깐만요. 그게 제가 들은 얘기입니다. 어쨌든 뭔가 오해가 있었던 것 같아요. 아마 저희 쪽에서도 부분적으로 책임이 있다고 생각합니다. 그래서 제안을 드리면, 말씀하셨듯이 멀리서 오셨잖아요. 그냥 가시라고 할 순 없고요. 그래서 다른 신청서가 있는데, 그걸 써주시면 저희가 한번 알아보겠습니다."

나는 전화 통화 부분에 대해 항의하고 싶었다. 하지만 참기로 했다.

"네, 고맙습니다. 그런데 제가 신청을 하더라도 볼 수 있다는 보장은 없는 거죠?"

"일단, 써주세요. 그러면 저희들이 검토를 하겠습니다."

다른 방법이 없었다. 그래도 기록원이 부분적으로 잘못을 인정하고 뭔가 바로잡기 위해 노력해서 다행이었다. 새로운 신청서를 작성하기 시작했다.

"여기 신청서 썼습니다."

전화 통화를 했던 직원이 신청서를 받았다. 좀 어색한 순간이었다.

"고맙습니다. 그리고 죄송한데요, 점심시간 끝나고 오실 수 있을까요? 맨 위층에 식당이 있거든요. 별로 안 비싸요."

"점심 끝나고요? 아 ……. 알겠습니다."

나는 살짝 한숨을 쉬었다. 그리고 화장실에 갔다. 세수를 하며 정신을 차리려 했다.

열람실로 돌아와 의자에 앉았다. 좀 피곤했다. 점심을 먹으러 가기 전까지 쉬기로 했다.

"박강성주 선생님이시죠? 안녕하세요, 저 여기 직원입니다. 잠깐 말씀 좀 나눌 수 있을까요?"

어떤 남성이 다가오더니 옆에 앉았다.

"제가 상황 설명을 좀 해드리고 싶어서요."

"아, 네네."

조용히 대답했다.

"혹시 선생님 학교가 여기 한국 학교하고 어떤 협정을 맺었거나 그런 게 있나요?"

"글쎄요, 잘 모르겠는데요."

"제가 여쭤보는 이유가요, 저희 규정에 따르면 해외 연구자들은 자료를 볼 수 없게 되어 있습니다."

"네? 그게 무슨 말씀인지 …….."

"그러니까 그게, 한국의 대학교에서 일하는 외국인 연구자는 자료를 볼 수 있거든요. 아니면 여기 한국의 대학교와 연결되어 있는 해외 연구자도 그렇고요. 그래서 무슨 말이냐면, 만약에 선생님 학교가 한국의 학교와 협정이 맺어져 있다, 아니면 어떤 연관 관계가 있다, 이것을 증명해 주는 문서가 있으면 자료를 보실 수 있습니다."

"어……, 죄송한데요, 제가 지금 굉장히 헷갈리거든요. 지금 말씀하신 규정은 제가 해외에서 전화 드렸을 때 뭐 언급도 없었던 것 같고…….”

"일이 좀 복잡합니다. 그리고 저희가 결정을 하는 데 시간이 좀 걸릴 것 같거든요. 그래서 …… 오늘은 댁에 가시고 저희가 내일쯤 연락을 드릴 수 있을 것 같은데."

"내일이요? 아니, 조금 전에 점심 먹고 오라고 그렇게 들었는데."

"아, 오늘 중요한 행사가 있어서 책임자분들이 다 바쁘시거든요. 그래서 …… 죄송합니다. 신청서에 있는 번호로 연락드리면 되는 거죠?"

나는 잠시 멈칫했다. 오는 길에 행사 관련 홍보물과 깃발을 봤기 때문에 거짓말은 아니리라. 하지만 도대체 이해가 안 갔다.

"아니, 저기 죄송한데요. 제가 정말 헷갈리거든요. 한국 오기 전에 전화했을 때는 전혀 듣지 못한 말을 조금 전에 하셨고, 또 점심 먹고 오라고 했는데 지금은 또 다른 말씀을 하시고. 제가 무슨 말씀을 드려야 할지 진짜 모르겠네요…….”

"죄송합니다…….”

나는 한숨을 쉬며 말했다.

"네, 그럼 오늘은 그냥 가겠습니다. 그런데 제가 휴대전화가 없어서 도서관 번호를 썼거든요. 제 개인 전화는 아니라서 못 받을 수도 있지만, 아무튼 그게 제 임시 연락처입니다."

"예, 알겠습니다. 그럼 안녕히 가세요."

직원이 고개를 숙여 인사했다.

"네 ……."

나도 고개를 숙였다.

돌아오는 2시간이 이틀 정도로 느껴졌다. 그렇지만 동시에 동기부여가 됐다. 나는 국가기록원 규정들과 정보공개법을 꼼꼼히 살펴봤다. 해외 연구자 관련된 사항이 어디엔가 있으리라. 한국에 오기 전 이미 살펴봤지만, 내가 놓쳤을 수 있다. 직원분에게 그 자리에서 규정을 보여달라고 하지 않은 것을 조금 후회했다. '어, 이상하네 …….' 아무리 규정을 읽어봐도 해외 연구자 부분은 없었다. 다음 날 아침, 나는 도서관에 있다가 기록원에 또 가기로 했다. 연락이 오기까지 기다려야 했지만, 그냥 가고 싶었다. 물론 어제처럼 그냥 돌아올 가능성도 있었다. 그래도 먼저 움직이고 싶었다. '그래, 가자.' 가방을 챙기고 나서려던 순간,

"성주 씨, 전화 왔어요."

도서관 직원이자 내가 아는 분이 말했다.

"어, 저한테요? 혹시 어디서 온 건지 ……."

"국가기록원."

느낌이 안 좋았다. 도대체 무슨 말을 하려고 할까? 목소리를 가다듬고 수화기를 들었다.

"네, 전화 바꿨습니다."

"저 박강성주 선생님이시죠?"

"네, 그런데요."

"안녕하세요, 어제 국가기록원에서 뵈었던 그 과장입니다."

"아, 안녕하세요."

"어제도 전화를 드렸는데 통화가 안 되더라고요. 아무튼, 그 자료 보실 수 있습니다."

"아, 그래요? 오, 고맙습니다. 정말 고맙습니다."

놀랐다. 그래, 정말 다행이었다! 그런데 꼭 하고 싶은 말이 있었다.

"저 그런데요, 사실 기록원에 막 가려던 참이었거든요. 제가 어제 듣기로, 해외 대학교 연구자는 기록물을 못 본다고 하는데요, 제가 규정을 다 찾아봤거든요. 그런데 그런 내용은 없더라고요. 이 말은, 제가 정보 공개 관련해서 권리를 정당하게 행사하려고 했는데 기록원이 막았다는 뜻이잖아요."

나는 단호하게 말했다.

"그것은, 저희가 일부러 그러지는 않았고요, 일이 가끔 복잡하잖아요. 아무튼 지금 오시려고요?"

나는 이 문제를 더 따지지 않기로 했다. 결과적으로 자료를 볼 수 있게 되었으니.

"아, 네. 지금 출발하려고 했거든요."

"예 ……. 그러면 좀 있다가 오시겠어요? 낮 정도에. 지금은 제가 회의가 있어서 가봐야 해서요."

"네, 그럼 오늘 낮에 뵙겠습니다. 전화 주셔서 감사하고요, 자료 볼 수 있게 해주셔서 고맙습니다."

"네, 그럼 낮에 뵐게요. 들어가세요."

전화를 끊었다. 사서가 나를 좀 의아한 눈빛으로 쳐다봤다. 아마도 내가 단호하게 항의하는 말을 들어서였으리라.

"죄송해요, 제가 이런 전화를 받게 될 줄 몰랐거든요."

나는 수줍게 웃었다.

몇 시간 뒤, 손에 음료수 선물을 들고 기록원으로 갔다. 자료를 볼 수 있게 해준 것에 대한 감사의 표시였다. 꼭 그렇게까지 할 필요는 정말 없었지만, 그렇게 하고 싶었다. 하지만 먼저 긴장된 순간이 기다리고 있었다. 어제 보안 검색대와 안내소에서 나를 맞았던 경비원이 내게 전화번호를 요구했다. 나는 똑같은 대답을 하며 덧붙였다.

"열람실 직원분이 절 기다리고 있거든요."

경비원은 어제보다는 덜 의심스럽게 바라봤다.

열람실에서는 한국에 오기 전 통화를 했던 그 직원이 날 맞아주었다. 그녀에게 음료수 선물을 건넸다. "아니, 선생님. 이러실 필요 없어요."

"아니요, 받으세요. 별거 아닙니다. 정말 별거 아니에요. 그리고 어제 제가 너무 혼란스러워서 미처 말씀 못 드렸는데요 ……. 선생님이나 다른 직원분들한테 어떤 개인적인 감정이 있거나 그런 건 아닙니다. 워낙 일이 복잡한 것 같아서 …….”

"아유, 아닙니다. 이해해요. 아무튼 자료를 보실 수 있어서 다행이에요."

"네, 그렇게 이해해 주시니 고맙네요."

이렇게 대화를 하고 있는데 과장이 왔다.

"안녕하세요."

"안녕하세요. 자료 볼 수 있게 해주셔서 고맙습니다."

"네, 선생님이 멀리서 오셔서 그렇게 하기로 했습니다. 그래서 자료가 준비됐거든요. 저기에 앉아서 보시면 되고요. 사진을 찍거나 그러시면 안 되지만, 메모는 하실 수 있어요. 여기 연필이랑 종이 가져가시면 됩니다."

"아, 고맙습니다."

"가방이랑 소지품은 저기 사물함에 놓으시면 되고요. 혹시 뭐 궁금하신 거 있으세요?"

어제와 달리 과장은 꽤 친절해 보였다.

"음 ……, 아니요. 지금은 없습니다. 혹시 궁금한 점 있으면 나중에 여쭤보겠습니다."

"예, 그러세요. 그럼."

"네, 고맙습니다." 와, 일이 잘되고 있네 ……. 기뻤다.

문제는 자료들을 제한된 시간 안에 얼마나 효율적으로 그리고 신중하게 보는가였다. 처음에 나는 다른 경우와 마찬가지로 자료를 사본 형태로 얻을 수 있으리라 생각했다. 미국·영국·호주·스웨덴 정부에서 받은 문서들이 그랬다. 자료를 사본으로 받으면 원할 때 언제든지 볼 수 있다. 그렇지만 이번 경우는 달랐다. 예상과 달리 '비공개 기록물 제한적 열람' 절차가 적용됐기 때문이다. 기록물을 정해진 장소에서 제한된 시간 안에 봐야 했다. 게다가 나는 4주가 지나기 전에 비행기를 타야 했다. 시간 관리가 중요했다. 그리고 내 앞에는 각 800쪽 분량의 자료집 6권이 있었다. 어디서부터 시작해야 할지 몰랐다. 그저 멍하니 바라봤다. 푸른색 아파트 모형처럼 보였다. 800가구가 살고 있는 6층짜리 건물 ……. 고민 끝에 자료 전체를 먼저 띄엄띄엄 보기로 했다. 그러면서 중요한 부분을 찾으려 했다. 한국에 오기 전 자료들의 목차를 미리 살펴봤다. 그때 기록해 둔 내용이 있었는데 이를 활용하기로 했다.

대략 계획을 세우고 눈을 감았다. 그리고 짧게 기도했다. 그렇다고 종교적 의미의 기도는 아니었다. 나는 때로 중대한 일을 앞두고 이렇게 하곤 했다. 뭔가를 제대로 준비하는 과정의 하나다, 온 마음과 영혼을 다해서 하는. '그래, 그럼 시작하자.' 눈을 뜨고 심호흡을 크게 했다. 그리고 이 특별한 '아파트'에 들어선다. 1층 첫 번째 집 문을 두드린다.

"똑, 똑, 똑."

한 시간도 지나지 않아 나는 아주 민감하고 새로운 정보를 발견했다.

대여섯 건이었는데, 흥미롭게도 나에 관한 내용도 포함되어 있었다. 진실화해위원회 조사관이 전 국정원 발전위원회 조사관을 면담한 기록에 나와 있었다. 이 전직 조사관은 민간인으로 국정원에서 KAL기 재조사를 맡았다. 진실화해위원회 조사관은 국정원에 가서 조사 기록을 열람할 예정이었다. 이를 앞두고 전직 조사관에게 조언을 듣고 싶었던 듯하다. 면담한 한 대목은 KAL기 가족들에게 어떻게 진실화해위원회 결과를 믿게 할 것인지에 관한 내용이었다. 전직 조사관은 이렇게 답한다.

"어떠한 조사 결과가 도출된다고 하더라도 그 결과가 가족회에게 유리하지 않을 경우 가족회에서는 그 결과를 신뢰하지 않을 것임. …… 가족회를 설득하여 가족회가 추천하는 인사를 열람 팀에 참여시키는 것이 좋을 것임"(진실화해위원회, 2008a: 60).

나는 잠시 멈췄다. 전직 조사관과 가족들 사이의 불신을 느낄 수 있었다. 그 이유를 짐작하기란 어렵지 않았다. 이 사람은 조사관이 되기 전 KAL858기 가족회 사무국장으로 일했다. 나 역시 그를 알고 있다. 국정원 발전위원회는 그의 조사를 바탕으로 기존 안기부의 결론이 맞는다고 발표했다. 가족들은 받아들이지 않았다. 아울러 가족들은 국정원 재조사를 이끈 이 사람을 비난했다.

"우리를 배신했어 ……."

다만, 그로서는 최선을 다해 조사했다고 항변할 수 있다. 하지만 가족들, 그리고 재조사를 요구했던 많은 이들은 그렇게 생각하지 않았다. 결국 그의 이야기는 복잡한 해석을 낳는다.

진실화해위원회 조사관은 가족들이 믿고 있던 두 사람을 접촉했다고 한다. 그러나 그들 모두 조사에 참여하기를 거절했다. 여기서도 내 이름이 나왔다. 전직 국정원 조사관은 말한다.

"박강성주나 ○○○가 조사에 참여하지 않으려는 이유가 석연치 않음."

진실화해위원회가 나에게 접근한 적이 있다. 그 만남을 지금도 기억한다. 우리는 작은 카페에서 만났다. 그곳에 들어가기 전 나는 좌우로 카페 주변을 살펴봤다. 평소 감시 문제에 민감했던 나는 조심스레 문을 열었다. 안에 들어선 뒤에도 주위를 먼저 살폈다. 진실화해위원회 조사관은 나에게 위원회에 들어올 생각이 있느냐고 물었다. 좀 혼란스러웠다. 왜냐하면 나는 조사관 공채에 몇 번이나 이미 응시했기 때문이다. 그런데 위원회는 그때마다 탈락시켰고, 그래서 나는 박사과정 연구자로 해외에서 사건을 '조사'하기로 했다. 위원회 조사관이 이 제안을 했을 때, 몇 개월 뒤 한국을 떠나기로 되어 있었다. 다시 말해 위원회의 의도와 시기를 고려할 때 그 제안은 이해가 되지 않았을뿐더러 받아들이기 어려웠다.

아울러 이 조사관이 나와 가족들 사이를 멀어지게 하려 한다는 의심이 들었다. 그는 가족들이 감정적이고 비이성적이라 대화가 되지 않는다고 했다. 그러면서 말이 통하는 사람이 필요하다고 덧붙였다. 그 사람이 바로 나라는 얘기다. 아마도 조사관은 나를 칭찬하려 그렇게 말했을지 모른다. 만약 그랬다면 그는 실수했다. 가족들의 경우, 때로는 감정적이고 비이성적일 수 있다(여기에서 '감정적', '비이성적'이라는 말의 개념과 논란에 대해서는 제쳐두기로 하자). 그런데 이것은 가족들이 그만큼 오랫동안 고통에 신음해 왔기 때문이라 하겠다. 가족들의 말과 행동은 이런 맥락에서 살펴야 한다. 물론 그들이 늘 옳다는 뜻이 아니다. 어찌 됐든 가족들을 둘러싼 상황을 먼저 고려할 필요가 있다.

내 입장에서 또 다른 민감한 정보는 돈과 관련한 사항이었다. 다시 전직 조사관의 말이다.

"발전위의 경험으로 보아 가족들은 진상규명보다 보상 쪽에 더 관심이 많을 것임"(같은 자료, 61).

여기서 나는 또 한 번 멈췄다. 나는 이 말이 일부 가족들의 경우 맞을 수도 있다고 생각한다. 승객 다수가 건설노동자, 곧 경제적으로 넉넉지 못했는데, 사건 뒤 가족 대부분이 생계에 어려움을 겪었다. 이런 사정으로 어떤 가족들에게는 보상금이 더 중요했을 수 있다. 적어도 내가 생각하기에 그렇다. 물론 전직 조사관은 가족회 일을 직접 했기 때문에 내가 모르는 어떤 사정을 알고 있을 수 있겠다. 게다가 그는 사건을 재조사하기도 했다. 그렇다고 했을 때 이 사람은 가족들이 바라는 것이 무엇인지 나보다 더 잘 판단할 가능성이 있다.

그렇더라도 가족 35명과의 면접을 포함한 내 연구는 다른 얘기를 들려준다. 내가 만난 거의 모든 가족은 보상 문제를 우선시하지 않았다. 그들은 도대체 무슨 일이 있었는지를 먼저 알고 싶어 했다. 지금도 실종자 수색을 바랐다. 그리고 김현희를 만나 이야기를 직접 듣고 싶어 했다. 이런 이유로 어떤 가족은 숨을 거둘 때 눈을 뜨고 가셨다. 사람들이 눈을 감기려 했지만 이상하게 눈이 감기지 않았다고 한다. 결국 그분은 눈을 뜬 채 묻히셨다. 흔히 세상을 떠날 때 풀지 못한 한이 서려 있으면 눈을 뜨고 죽는다는 말이 있다. 이 가족은 재조사 요구 활동에 적극 참여했다. 나는 현장에서 그분을 자주 뵈었다. 이런 이유로 전직 조사관의 다음과 같은 말에 동의하기 어렵다.

"사건의 실체나 진실에 대하여는 가족회도 더 이상의 관심은 그리 크지 않으리라 생각함."

그리고 국정원이 진실화해위원회 재조사에 영향력을 행사하려 했다는 점도 주목된다. 진실화해위원회 조사관은 현직 국정원 수사관과 면담했다. 국정원은 위원회가 김현희를 조사할 경우 국정원과 세부 사항에 대해 협의해 주기를 바랐다. 그러면서 이는 "간여가 아니라 협조"라고 강조했다(진실화해위원회, 2008b: 8). 사실 "국정원 상부에서 조사 결과 어떤 방향으로 나아가고 있는지 매우 궁금하게 생각"하고 있었다. 이 면담 내용을 정리하며 위원회 조사관은 국정원과 협의하는 것이 "효율적"이라는 의견을 냈다. 이 대목에서 놀랐다. 위원회는 독립적인 국가기관으로서 조사를 해야 했다. 가족들이 진실 규명을 신청한 이유였다. 국정원 발전위원회의 경우 국정원 소속으로 많은 한계를 보였기 때문이다. 이는 진실화해위원회가 국정원 중간 조사 결과를 검토한 보고서에서도 확인된다.

> 핵심 쟁점에 대한 의혹이 여전히 풀리지 않고 있으며 …… 몇 안 되는 진술인들의 진술을 전적으로 신뢰하고 있으며, 특히 안기부 관련자의 경우에는 그 정도가 지나칠 정도이고, 안기부 생산 자료를 아무 의심 없이 증거로 채택하였고, 국정원 존안 자료 모두를 확인하였다는 보장이 없으며, 주요 쟁점에 대한 사실관계 판단을 입증 자료 없이 추정 판단한 경우가 여럿 있는 것으로 판단됨(진실화해위원회, 2008c: 105).

그래서 국정원의 '친절한' 협조 제안은 조심스럽게 고민할 필요가 있다. 하지만 실제 조사관의 인식은 위원회 설립 취지와 크게 어긋나고 있었다. 나만의 생각은 아니었다. 국정원 측이 진실화해위원회를 방문해 위원장과의 협의를 고려한다는 보고에 위원장은 '국정원을 고려하지 말고 공정하고 정확하게 조사하라'는 의견을 낸다.

가장 민감하고 완전히 새로운 정보는 어떤 인물과 관련 있었다. 바로 김현희였다. 이제까지 전혀 공개되지 않은 어떤 정보. 이것이 내 눈앞에 보인다는 점이 놀라울 따름이었다. 이 문서는 여러 가지 다른 정보도 담고 있었다. 나는 무엇을 어떻게 해야 할지 몰랐다. 두 손으로 내 입을 가로막았다. 몇 가지 생각이 스쳐갔다. 첫째, 전혀 공개되지 않았던 정보를 알게 됐다. 둘째, 이는 매우 민감하고 개인적인 내용이다. 셋째, 이런 정보는 대개 지워진 채로 제공되어야 한다. 마지막으로, 이렇게 알게 된 정보로 이제 무엇을 해야 하는가? 나는 신중하게 생각하려 노력했다.

한편으로는 알게 된 정보를 잊어버려야 한다고 생각했다. 봐서는 안 될 정보였기 때문이다. 그러면서도 정보를 알게 됐기 때문에 무언가를 해야 한다는 생각도 들었다. 어려운 결정을 내려야 하는 상황……. 나는 손으로 입을 막은 채 눈을 감았다. 이 문제는 내게 윤리적인 성격의 문제였다. 사실 나로서는 이 정보를 기억했다가 연구나 다른 활동에 활용해도 괜찮았다. 왜냐하면 엄격히 말해, 내가 어떤 잘못을 한 것도 아니기 때문이다. 기록원에서 내가 요청한 자료를 내주었을 뿐이다. 그래서 자료를 보았고, 그러다 이 민감한 정보가 튀어나왔다. 하지만 그렇더라도, 그래, 그렇더라도……. 나는 편치 않았다. 계속 고민이 됐다.

눈을 떴다. 결정을 내렸다. 나는 직원들이 일하고 있는 곳을 슬쩍 쳐다봤다. 목운동을 하는 척하며 좌우, 뒤쪽을 살펴봤다. 감시카메라들이 보였지만 나와는 떨어져 있었다. 나는 작은 종이 하나를 내 쪽으로 끌어왔다. 이미 책상 위에 올려놓고 있었던 자료 목록을 정리한 쪽지였다. 나는 그 쪽지에 떨리는 마음으로 내가 본 정보를 적었다. 그리고 종이를 천천히 접은 뒤 주머니 안으로 빨리 집어넣었다. 잘못을 저지른 것은 아니지만, 가슴이 조마조마했다. 좌우를 살핀 뒤 일어나서 사물함 쪽으로 갔다. 사물함에 넣어둔 가방 안에 쪽지를 숨기려 했다. 반대쪽 주머니에 있는 사물함 열쇠를 꺼냈다. 문을 열고, 가방을 열고, 거기에 쪽지를 넣었다.

하지만 생각을 바꿔 쪽지를 주머니에 다시 넣었다. '여기서 나갈 때 가방을 검사할지도 몰라.' 더 면밀한 방법이 필요했다. 사물함을 닫고 좌우를 다시 살폈다. 그리고 열람실 밖으로 나갔다. 또 다른 감시카메라가 보였다. 나는 아무 일 없는 듯 화장실로 갔다. 안에 아무도 없다고 확인한 뒤 몸을 숙였다. 쪽지를 내 오른쪽 양말 안에 넣었다. 일어설 때 거울이 보였다. 유일한 목격자라 할 수 있는, 그 거울을 봤다. 내가 나를 보고 있었다. 숨을 깊이 내쉬고 계속 나를 봤다. 그리고 고개를 끄덕인 뒤, 화장실을 나왔다.

그날 이후, 작은 드라마들이 가끔 이어졌다. 무엇보다, 기록원 누리집에서 우연히 더 많은 자료들을 찾게 됐다. 호기심에 검색어를 달리해서 검색해 봤더니 결과가 놀라웠다. 엄청나게 많은 자료가 더 검색됐다. 약 1만 7000쪽의 자료……. 이 놀랍고도 부담스러운 발견 덕에 한국에서의 거의 모든 시간을 열람실에서 보내게 됐다. 사실 분량이 너무 많아 읽지 못한 부분도 있었다. 이렇게 새롭게 지어진 거대한 '아파트'를 둘러보는 동안 몇몇 불청객이 내 주위를 맴돌았다. 몇 주에 걸쳐 몇 명의 남성들이 한 명씩 내 앞에 의심스러운 모습으로 앉아 있곤 했다. 내가 지나친 상상을 한 것인지 모르지만, 꼭 감시당하는 느낌이었다.

이를 빼면 일은 비교적 순조롭게 진행됐다. 경비원은 내 전화번호를 계속 물어보다 어느 날부턴가 묻기를 멈췄다. 열람실 직원분들은 친절했고, 대부분 협조적이었다. 나는 기록원 옥상에서 점심을, 때로는 저녁도 먹었다. 아름다운 하늘이 내게 위안을 주곤 했다. 대개 식사를 할 때쯤이면 나는 녹초가 되어 있었다. 열람실에서의 마지막 날, 나는 직원분들을 위해 음료수 상자를 또 들고 갔다. 이 선물은 정중히 거절당했다.

그래도 나는 내가 할 수 있는 모든 것을 했다고 느꼈다. 공항으로 돌아가 만족스러운 마음으로 비행기를 탈 수 있었다.

ଛ

 유럽에 있는 연구실로 돌아온 나는, 이 기록들을 바탕으로 글을 연재했다, 그 민감한 정보를 뺀 내용 대부분을. 그래, 나는 그날 화장실에서 눈을 떴을 때부터 그 정보를 공개할 생각이 없었다. 그리고 정보가 기록된 쪽지를 한국을 떠나며 공항 쓰레기통에 버렸다. 덧붙이면, 개인적으로 김현희도 결국 인간이라고 생각한다. 어떻게 보면 그녀도 이 분단 상황과 계속되는 전쟁의 피해자라 할 수 있다. 김현희 개인은 물론이고 한반도 구성원 전체에게도 비극이다. KAL858기 실종자들과 그 가족들은 두말할 필요도 없다. 그렇다면 …… 여기에서 이익을 얻는 자는 누구인가?

# 2016년 11월 26일, 서울 광화문광장

약 200만 명의 사람들이 박근혜 대통령의 하야를 요구하며 전국에서 촛불을 들었다. 그는 민간인 측근을 국정에 개입하게 한 혐의를 받고 있었다. 더 근본적으로 대통령으로서 무능함과 임기 중 민주적 가치들을 훼손한 혐의가 있었다. 지지율은 시위가 계속되는 가운데 겨우 4%를 기록했다. 2008년 이명박 대통령 때부터 시작된 보수 '불도저' 정부와 그 정책이 심각한 위기에 빠졌다. 1980년대 이후 최대 집회를 초래한 이 상황은 또 다른 이에게 위기를 뜻했다 ……. 김현희. 상황이 좋지 않았다. 그녀에게 호의적이던 환경, 곧 그녀가 방송에 나오고 일본에서도 국빈 대접을 받을 수 있었던 조건들이 사라질 수 있었다.

그녀의 삶에서 1987년은 결정적이었다. 30년이 넘게 지난 지금, 그동안 어떤 변화가 있었는지 그녀 자신도 정확히 기억 못 할 수 있다. 김현희는 북쪽에 있어야 하지만, 지금 남쪽에 있다. 수사 결과에 따르면 그녀는 뛰어난 공작원이었다고 한다. 한국 정보기관은 그녀의 삶을 새롭게 만들어줬다. 안기부는 그녀를 (고문한 것이 아니라) 보호해 줬다고 알려진다. 김현희는 사형당하지 않고, 안기부 촉탁 직원이 됐다. 사람들은 의아해했다. 1980년대 군인 출신이 대통령이던 시절, 죄 없는 사람들이 수도 없이 간첩으로 조작됐다. 안보라는 이름으로 군사정권이 권력을 유지하는 방법 중 하나였다. '자, 북이 간첩을 침투시켰다. 북은 우리의 적이다. 그러니 안보가 최우선이다.' 하지만 수사 결과에 따르면 북에서 진짜(?) 공작원이 왔는데도, 이 간첩은 부드러운 대접을 받았다.

그런데 김현희가 '간접적'으로 개입한 간첩 조작 사건들이 몇 건 있었다. 2013년 4월 특별한 사건 하나가 주목을 받았다. 어떤 여성이 국정원의 가혹 행위와 설득에 못 이겨 자신의 오빠와 관련해 거짓 자백을 했다. 이 자백은 화교 출신으로 남쪽에서 새 삶을 살고 있었던 오빠를 간첩으로 만들었다. 이러한 조작은 새롭지 않았다. 그렇더라도 많은 이들은 국정원이 이 여성에게 했던 말을 듣고 놀랐다.

"국정원 쪽에서 '김현희(대한항공 858기 폭파범)를 봐라. 자기 죄를 반성하면 사람을 죽여도 나라에서 살게끔 해준다. 이런 사람이 한둘이 아니다. 우리가 보호해 준다'라는 말을 듣고 (오빠의 간첩 혐의를 허위 증언하는 쪽으로) 마음을 바꿔 먹었다"(이유진, 2013).

6개월 정도 고립되어 지치고, 때론 폭행을 당했던 이 여성은 마침내 요구를 받아들였다. 김현희는 이러한 자신의 놀라운 개입을 어떻게 생각할까?✖

진실화해위원회는 KAL858기 사건을 재조사한 적이 있지만, 결론을 내지 못했다. 왜냐하면 실종자 가족들이 진실 규명 신청을 취하했기 때문이다. 위원회가 해산한 뒤, 시민사회는 2기 위원회를 세우기 위해 입법운동을 시작했다. 목표는 강화된 권한과 자원을 갖춘 새 위원회가 과거청산 작업을 이어가게 하는 것이었다.

나는 이 위원회에 관심이 아주 많았는데, KAL858기 재조사 가능성이 있었을 뿐만 아니라 과거 청산이라는 대의에 동의했기 때문이다. 나는 실제로 2005년 위원회가 만들어지는 과정에서 '과거사법'을 통과시키기 위해 다른 분들과 함께 나름대로 노력했다. 그리고 유럽으로 갔다. 나는 2기 입법 운동 과정에서 실질적으로 활동하지 못했고 나름 죄책감을 느끼고 있었다. 그래서 한국에 머물 기회가 있으면 할 수 있는 일을 최대한 하겠다고 다짐했다.

&#8451;

나는 1기 위원회에서 조사 팀장으로 일했던 분을 뵙기로 했다. 우리는 2004~2005년 위원회를 출범시키기 위해 시민사회가 노력하는 과정에서 처음 만났다. 그분은 국회에서 보자고 했다. 입법을 위해 여기저기서 노력하는 중이었다. 우리는 의원회관 쪽의 한 입구에서 만나기로 했다. 예전에 이 건물에 와본 적이 있어 입구를 알고 있었다. 그래서 그곳에서 기다렸다. 그런데 이상하게 그분은 나타나지 않았다. 나는 휴대전화가 없어 그냥 계속 기다렸다. 마침내 그분이 왔는데 공사를 새로 해서 구조가 바뀌었다고 했다. 나는 잘못된 장소에서 기다리고 있었다. 그래, 내가 유럽에 있는 동안 참 많은 것들이 바뀌었다. 하지만 과거 청산 문제, 국가 폭력 피해자들과 가족들의 고통은 바뀌지 않았다고 느꼈다. 어쨌든 우리는 점심을 먹기로 했다.

"그동안 한국 음식 많이 못 먹어봤을 것 같은데."

주된 음식과 별개로 그는 나를 위해 떡볶이를 시켜주었다. 나는 떡볶이처럼 매운 음식은 잘 먹지 않는다. 그럼에도 맛있게 먹으려 했는데 바로 그분이 나를 챙겨주는 방식을 존중하고 싶었기 때문이다. 또한 앞서 말했듯, 한국에서 오래 떨어져 있었다는 죄책감도 있어 그랬다.

내가 했던 또 다른 일은, 한국전쟁 민간인 학살 유족들 시위에 함께하기였다. 내가 알기로 한국전쟁 유족회는 2기 위원회 입법 운동에서 가장 활발히 활동한 단체 가운데 하나였다. 이 단체는 국회 앞에서 1인 시위를 계속하고 있었다. 주로 국회가 열리는 평일에 회원 몇 명이 한 시간 정도 차례로 돌아가며 시위에 나섰다. 내가 방문했을 때 시위는 350일째를 맞고 있었다. 꽤 추운 겨울날이었다. 나는 누리집에서 시간과 장소를 확인하고 시간에 맞춰 그곳으로 나갔다. 가는 동안 나를 어떻게 소개할 것이며 그분들이 어떤 반응을 보일지, 그리고 1인 시위를 하는 동안 무엇을 할지 등을 생각했다. 그런데 도착하니 아무도 보이지 않았다. 이른 아침이어서 나는 잠시 기다리기로 했다. 계속 기다리는데 눈까지 오고 있어 담당자에게 전화를 해보기로 했다. 문제는 내가 휴대전화가 없어 공중전화를 찾으러 가야 했다는 점이다. 그래서 왔던 길을 되돌아갔다.

"아, 그 시간이 바뀌었어요. 누군가 곧 나타날 겁니다. 미안해요."

"아니요, 괜찮습니다!"

정말이었다. 나는 괜찮았다. 유족분들이 수십 년 동안 기다리셔야 했던 것에 비하면 내가 그 정도 기다리는 일은 아무것도 아니었다.

마침내 사람들이 도착했다. 전쟁 때 학살당했던 피해자들의 가족과 친척이었다. 그분들은 내가 방문해서 놀라신 듯했다. 그날 시위의 첫 번째로 내가 나서게 해달라고 요청했다. 시위 용품에는 구호와 숫자가 적힌 팻말이 있었다. "350"이라는 숫자는 350번째 시위라는 뜻이었다. "민간인 학살을 조사하라!!! 특별법을 통과시켜라!!!"라는 문구는 2기 위원회를 출범시키라는 뜻이었다.

마침내 나는 1인 시위를 시작했다. 여러 가지 생각이 오갔다. 무엇보다 입법 운동 과정에 작게나마 역할을 할 수 있어 뿌듯했다. 시위를 하면서 마음의 빚, 죄책감을 조금이나마 덜어내는 데 집중했다. 실질적이고 구체적으로 뭔가를 할 수 있다는 데 감사했다. 그날은 추웠고 눈이 왔다. 나는 하늘을 올려다봤다. 하얗고 가루 같은 눈이 내리고 있었다. 나는 그 눈을 한참 동안 바라봤다. 가루 같고 하얀. 뭔가와 비슷했다 ……, 바로 뼛가루. 그랬다. 마치 죽임을 당한 희생자들의 흔적처럼 보였다. 그렇게 그날은 눈처럼 보이는 뼛가루가 하늘에서 내리고 있었다. 수많은 분들이 희생당했고, 유해가 있는 곳이 정확히 알려지지 않은 경우도 많았다. 죄 없는 이들의 유해가 아직도 전국 어딘가에 수없이 묻혀 있다. 이 유해를 찾기 위해, 무슨 일이 일어났는지 알기 위해, 그리고 정의를 실현하기 위해 진실화해위원회가 빨리 재출범해야 했다. 하지만 상황은 어려웠다. 너무나 슬프고 너무나 비극적이어서 하늘도 울고 있었다. 그래서 눈물이, 또는 눈이, 그리고 '뼛가루'가 하늘에서 떨어지고 있었다.

희생자 가족들과의 첫 연대 시위 뒤에도 나는 한 달 반 정도 계속 나왔다. 대개는 내가 처음으로 도착해 그날의 시위를 시작했다. 팻말은 입구 쪽에 있는 창고 같은 곳에 보관했다. 나는 도착하는 대로 그곳으로 가서 팻말을 챙겼다. 입구 근처에는 조그마한 화장실도 있었다. 그런데 눈에 잘 띄지 않아 많은 이들이 화장실이 있는지 모르는 듯했다. 우리는 차례대로 시위를 끝내고 나면 이 화장실에 들어가 몸을 녹였다. 안에 난방기가 있었기 때문이다. 창고와 화장실 모두 국회 소유였다. 비록 과거사법을 통과시키지 않는 국회가 얄미웠지만, 그 시설들을 쓸 수 있는 것에는 감사했다.

더 복잡한 감정은 그 뒤에 찾아왔다. 국회에서 맞은 또 다른 아침, 나는 내 차례를 마치고 다음 시위자 옆에 서 있었다. 그때 갑자기 경비원 몇 명이 입구를 에워싸기 시작했다. '뭔가 일이 벌어지고 있구나.' 그 순간 입구를 지나가는 검은색 차를 봤다. 번호판이 좀 특이했는데, 이는 차에 탄 사람이 특별한 존재라고 일러줬다. 이 차가 1인 시위 장소 가까이 왔을 때 시위를 하고 있던 유족이 아주 정중히 인사를 했다. 굉장히 깊숙이 인사를 해 나는 좀 놀랐다. 이 유족은 차에 타고 있던 이가 국회의장이라고 말했다. 역시나 보통 사람은 아니었다. 나는 국회의장이 왜 유족들이 그곳에서 시위를 하는지 이해할 수 있기를 바랐다.

이와는 별도로, 희생자 가족이 그렇게 정중히 인사를 해야 하는 현실이 나는 슬펐다. 그는 잘못을 저지르지 않았지만, 내가 봤을 때 마치 의장에게 사과를 하듯 인사했다. 정작 그렇게 사죄해야 할 사람들은 민간인 학살 문제를 해결하지 못한 국회의장 같은 정치인들이었다. 너무나 불공평했다. 그러면서도 나는 왜 그분이 그렇게 인사를 했는지 알 듯했다. 유족들에게는 다른 방법이 없는 것이다. 시위를 하든 인사를 하든, 그분은 그 추운 겨울날 할 수 있는 최선의 일을 했다. 유족의 절에 가까운 인사는 절박함을 상징하는 듯했다. 돌이켜 보면, 그 인사는 싸움을 계속하겠다는 의지의 표현이기도 했다. 12월 말에 국회 회기가 끝났지만, 유족들은 입법 운동을 멈추지 않았다. 앞서 말했듯, 유족의 인사는 의지의 표현이었다.

그분들은 청와대 근처로 자리를 옮겨 시위를 계속하기로 했다. 문재인 정부는 100대 국정 과제를 발표했고, 그중 하나가 2기 진실화해위원회 출범이었다. 계획에 따르면 입법을 2017년 말까지 끝내고 2018년 상반기 안에 위원회를 출범해야 했다. 그러나 새해가 됐지만 정부의 계획은 지켜지지 못할 것이 분명했다. 이를 정부의 잘못이라고만 하기 어려운 부분이 있었다. 국회가 해야 할 일을 못했기 때문이다. 그래도 대통령과 정부는 그 책임을 일정 정도 져야 했다. 그래서 유족회는 국회가 열리지 않는 동안 청와대 근처에서 시위를 이어가기로 했다.

2018년 1월 1일. 우리는 청와대 옆에 있는 분수대 광장에 모였다. 놀랍게도 다른 이유로 시위하고 있는 사람들이 꽤 있었다. 나는 그들의 시위 자체가 아니라, 새해 첫날부터 시위를 한다는 점에 놀랐다. 이유야 어찌 됐든 절박한 심정에 새해 첫날에도 시위를 멈출 수 없는 사람들이 그만큼 많았다.

우리는 이제껏 해왔듯, 한 사람씩 차례대로 1인 시위를 시작했다. 그런데 어느 순간 청와대 경호원들이 다가왔다. 나는 긴장했다. 다행히 그들은 우리가 왜 왔는지 알고자 했을 뿐이었다. 그리고 우리가 시위를 새로 시작한 상태라 여러 가지 규칙도 알려주었다. 비교적 친절했다. 왜굳이 이 말을 하냐면, 한국은 현 정부 이전에 두 번의 보수 정권을 거치면서 아주 폭력적이고 혼란스러운 시간을 보냈기 때문이다. 이명박-박근혜 정부 아래에서 민주적 가치와 인권은 대체로 후퇴했다는 것이 중론이었다. 정부를 겨냥한 수많은 합법적 집회와 비판적 목소리는 대부분 환영받지 못했다. 경찰과 안보 관련 기구들은 평판이 좋지 못했다. 나는 분위기가 이제 달라졌다고 느꼈다.

며칠 뒤 이 변화는 뜻밖의 방식으로 다시 확인된다. 경호원들이 우리에게 손난로를 가져다주는 것이 아닌가. 그들은 겨울날 시위가 쉽지 않음을 알고 있었다. 따뜻한 음료수도 가져왔다. 그들은 참으로 친절하게도 다른 시위자 모두에게 '겨울철 시위 용품'을 나눠주었다. 내가 태어나서 겪은 가장 따뜻한 놀라움 가운데 하나였다.

청와대 근처의 새로운 시위에서는 팻말과 더불어 깃발도 사용했다. 우리는 팻말을 목에 걸고 깃발을 들었다. 깃발에 새겨진 말은 "격쟁"으로 억울한 이가 하소연을 하기 위해 징을 친다는 뜻이었다. 수백 년 전 조선시대에 보통 사람들이 그렇게 했다. 우리에게 실제로 징은 없었지만, 우리의 간절한 소원이 겨울바람을 타고 대통령 귀에 닿기를 바랐다.

깃발을 드는 일은 쉽지 않았다. 거의 2미터에 이르는 크기의 깃발은 긴 막대기에 연결됐다. 이 깃발을 들고 바람에 버티기 위해서는 일정한 기술이 필요했다. 이런 요령은 꼭 필요했는데, 그다음 주부터는 더 큰 깃발을 하나 더 들기 시작했기 때문이다. 다시 말해 한 개의 팻말과 두 개의 깃발을 들고 1인 시위에 나섰다. 여기에 날씨가 문제를 복잡하게 만들었다. 보통 한국에서 가장 추운 날은 1월이다. 2018년도 예외는 아니었다. 나는 장갑을 끼었지만 너무 추워 손을 따뜻하게 하기에는 부족했다. 양말도 두 켤레나 신었지만 역시나 충분하지 않았다. 내 차례의 시위가 끝나면 숙소로 돌아와 난방기 옆에 달라붙어 손가락과 발가락을 녹여줘야 했다.

그때 나는 시위 도구가 지나치게 많다고 생각했다. 그 추운 날씨에 세 개의 물체를 들고 한 시간씩 서 있어야 하는 데다, 그 효과가 얼마나 있을지도 의문이었다. 대통령은 물론이고, 우리를 지나치는 거의 모든 사람들이 팻말이나 깃발에 적힌 내용에 관심이 없는 듯했다. 중요한 것은, 그렇다면 유족들은 왜 그렇게 할 수 있었느냐이다. 그때 상황과 내 관찰을 바탕으로 생각해 보면, 아마도 그분들은 그만큼 절박했기 때문이 아니었을까. 유족들은 자신들이 할 수 있는 범위에서 최선을 다했을 뿐이다. 추운 날씨는 그다음 문제였다.

국회 앞에서의 시위에서처럼, 나는 여기서도 보통 그날의 1인 시위를 첫 번째로 시작했다. 시위에 필요한 물건들은 청와대 근처에서 시위를 하고 있던 또 다른 단체가 맡아줬다. 기술 분야의 노동조합원들이었다. 회사는 해외 기업 소유였는데 경영진이 사람들을 많이 해고했다고 한다. 조합원들 관점에서 이 해고는 불법이었다. 그들은 복직을 원했다. 문재인 대통령은 2015년 야당 대표였을 때 이 문제를 해결하도록 노력하겠다고 약속했다. 하지만 문제는 해결되지 않았고, 그래서 청와대 근처에서 시위를 하고 있었다. 그분들은 2017년 11월 천막에서 시위를 시작했는데 친절하게도 우리 팻말과 깃발을 보관해 주기로 하셨다. 나는 현장에 도착하면 시위 용품을 가지러 그 천막으로 갔다. 이분들의 도움으로 시위가 원만히 준비될 수 있었다.

우리가 시위를 할 때면 그 천막에서 흘러나오는 민중가요를 들을 수 있었다. 기운을 북돋기 위해서였는지 소리를 크게 틀어놓은 상태였다. 이 노래는 나의 기운도 북돋아 주었다. 노래가 참 좋아서 가사를 기억했다가 나중에 찾아보았다. 제목은 「이 얼음 같은 세상을 깨고」였다. 그 추운 겨울 그리고 냉정한 세상에 참 잘 어울리는 노래였다.

우리는 시위 장소에서 문재인 대통령을 볼 수 없었지만, 유족회 회장님은 볼 수 있었다. 그는 우리를 격려하기 위해 현장에 왔다. 그리고 내게 깜짝 선물을 주셨다. 바로 케이크였다. 회장님과 다른 분들은 비교적 젊은 나이의 낯선 사람이 자신들의 시위에 함께해 주어 고마워했다. 나는 회장님이 가져온 케이크에 감동했다. 문제는 내가 단 음식을 좋아하지 않는다는 점이었다. 회장님은 실망한 표정이 역력했고, 그래도 나는 감사드렸다. 비록 선물을 받을 수 없었지만, 이 깜짝 선물은 내가 유족들에게 신뢰를 얻었다는 뜻이었다. 누군가에게 신뢰를 받는다는 것은 참 아름다운 일이다. 행복했다.

사실 이분을 국회 앞 시위를 시작하고 며칠 뒤 뵌 적이 있다. 시위를 담당하는 선생님이 말씀하시길, 회장님이 나를 만나고 싶어 한다고 했다. 나는 좀 놀랐다. 회장님은 내가 계속 나오고 있는 점을 인상 깊게 보신 듯했다. 나는 그분이 건강 문제로 수술을 해서 회복 중에 있다고 들었다. 시위에 직접 참여하지 못하는 이유였다. 그래서 이분을 만나기로 했다. 댁 근처 작은 카페에서 만남이 이루어졌다. 다른 유족분들처럼 연세가 많으셨다. 역사 문제에 지식이 해박하셨다. 이분에 따르면, 어떤 유족들은 진실보다는 보상에 더 관심이 많다고 했다. 시위 담당 선생님은 이런 비판적인 의견 때문에 몇몇 시민단체가 회장님을 좋게 보지 않는다고 덧붙였다. 뭔가 길고 복잡한 이야기가 있는 듯싶었다.

나중에 나는 회장님이 언급한 유족들 사이의 갈등에 대해 더 알게 됐다. 어떤 자료를 읽고 있는데 유족회 단체 이름이 좀 다르게 적혀 있었다. 이상했다. 그래서 단체의 누리집을 다시 봤더니 비슷한 이름의 단체가 두 개 있었다. '한국전쟁 후 민간인 희생자 전국 유족회(희생자 유족회)' 그리고 또 하나는 '한국전쟁 전후 민간인 피학살자 전국 유족회(피학살자 유족회)'였다. 비슷한 이름뿐 아니라 두 단체는 누리집 상징물도 정확히 같은 것을 쓰고 있었다.

사실 나도 두 개 단체가 있다는 것을 얼핏 알았지만, 서로가 연결된 단체라고 추측했다. 앞서 나온 회장님은 피학살자 유족회 소속이었는데, 나는 희생자 유족회 소속으로 착각하고 있었다. 혼란스러웠다. 알고 보니, 희생자 유족회에 있던 분들 가운데 몇 분이 따로 단체를 만들었는데 그게 바로 피학살자 유족회였다. 2015년 정도에 분리된 듯싶었고, 뭔가 심각한 갈등이 있었으리라 짐작됐다. 나는 혹시 그 갈등의 원인이, 회장님이 잠깐 언급했던 보상 관련 문제가 아니었을까 생각해 봤다. 물론 나는 정확한 사정을 알지 못했고, 지금도 마찬가지다. 유족들이 내부에서 갈등을 겪는 것은 슬프다. 피해자들은 전쟁으로 희생당했고, 유족들은 단체 문제로 고통받는다.

그런데 불편한 물음을 던질 수밖에 없는 일이 또 있었다. 어느 날, 우리가 정확히 얼마 동안 시위를 해왔는지 혼동이 생겼다. 팻말에 숫자 카드를 날마다 바꿔왔는데 그날은 마지막 숫자 카드가 보이지 않았다. 그때 어떤 분이 그냥 다른 숫자를 넣자고 했다. 그렇게 하면 실제 시위를 해온 횟수보다 많아지는 상황이었다. 또 다른 분이 이 점을 지적했다. 하지만 첫 제안을 하셨던 분은, 어차피 우리 빼고는 누구도 크게 신경 쓰지 않는다고 반박했다. 좀 잘못된 이야기라고 느꼈지만 나는 유족이 아니기 때문에 조용히 있었다. 난감한 상황이었다. 이 문제와 비슷한 것인지는 모르겠지만, 시위 시작 시간 역시 누리집에 잘못 기록된 상태였다. 아침 7시 시작으로 적혀 있었지만, 실제로는 8시였다. 아마도 처음 시위가 진행됐을 때는 7시였지만 추운 날씨로 시간이 늦춰졌을 가능성이 있다. 그렇다면 이것이 누리집 정보에도 반영되어야 하는데, 지금 상태로는 우리가 시위하는 시간이 실제보다 길어지게 된다. 작은 부분이지만 뭔가 옳지 않다는 생각이 들었다.

유럽으로 돌아온 뒤 나는 더욱 혼란스러워졌다. 그때쯤 시위와 현장 연구를 마쳤지만, 단체 누리집은 계속 살펴보고 있었다. 단체는 2018년 5월 기자회견을 했는데 이와 관련된 의견이 하나 올라왔다.

"매체에서 미투 같은 경미한 사건들은 신물이 나도록 수차례 보도하면서도 …… 우리 행사 보도는 1회에 그치고 말았으니."

미투 운동이 "경미"하다고 한 부분이 마음에 걸렸다. 여성주의 국제관계학 공동체의 한 명으로서 나는 이 운동이 얼마나 중요한지 안다. 그런데 유족의 글을 읽고 나는 혼란과 불편함에 휩싸였다. 나는 유족들을 지지했고 그들의 시위에 함께했는데 이제는 저런 글을 보게 됐다. 당혹스러웠다. 물론 이는 한 사람의 의견이었고 나는 성급히 일반화를 하지 않으려 했다. 아울러 그분들의 절망스러운 상황을 고려했을 때 나는 왜 그런 의견이 나왔는지 조금은 이해할 수 있었다.

이를 포함해 앞서 말한 불편한 질문들은 현장 연구와 관련된 윤리적 딜레마를 고민하게 했다. 정보원의 말과 행동이 윤리적으로 문제가 된다고 느낄 때 연구자는 무엇을 할 수 있는가? 연구자로서 정보원과 특정 사안에 대해 심각하게 의견이 다를 때는 어떻게 해야 하는가? 더 근본적으로는 특정 사안이 문제인지 아닌지를 누가 결정하는가? 나는 여기에 정확하고 쉬운 답은 없다고 생각한다. 하지만 적어도 우리는 인간사가 복잡하고 세상은 흑백이 아니라는 점을 인정해야 하지 않을까?

청와대 근처의 시위로 돌아가면, 나는 1월 말까지 시위에 함께할 수 있었다. 시간이 참 빨리 흘러갔다. 마지막 날, 이제까지 그랬듯, 나는 여느 때처럼 팻말과 깃발을 노동조합 천막에서 가져와 1인 시위를 시작했다. 그리고 지난 한 달 반 정도의 시간을 잠시 돌아봤다. 유럽에서 계속 안고 있던 '마음의 빚'이 시위에 함께하게 만들었다. 나는 그 빚의 아주 작은 일부분을 갚았다는 느낌이 들었다. 법이 통과될 때까지 시위를 하고 싶었지만, 또 다른 계획과 일이 기다리고 있었다. 이제 헤어질 시간이었다. 나는 유족들에게 시위에 참여하게 해주서서 감사하다고 인사드렸고, 유족들은 내게 함께해 줘서 고맙다고 했다. 시위 담당 선생님이 말했다.

"혜성처럼 갑자기 나타나서 많은 일을 해주셨어요."

하지만 감사해야 할 사람은 나였다. 그래서 유족 회장님이 내게 깜짝 선물을 준비했던 것처럼 나도 유족들에게 깜짝 선물을 준비했다. 작은 후원금이었다. 선생님은 거절하며 내게 돌려주려 했다. 나는 재빨리 도망갔다. 거리가 충분히 확보됐을 때 나는 돌아서서 손을 흔들었다.

# 얽힘

"그가 KAL858기를 떠나보내지 못하는 한, 저는 '사건 하나 집중하기'를 경계하겠습니다. 비록 좋은 학자로서의 자질을 모두 갖추고 있지만 새로운 주제로 분야를 넓히지 않는 한, 그가 겸임교수가 정말 될 수 있을지 의문스럽습니다."

나는 겸임교수가 되기 위해 지원했고, 심사위원 두 명의 평가가 있었다. 첫 번째 위원의 평가는 좋았지만, 두 번째 위원의 평가는 이와 같았다. 결국 최종 결과는 좋지 않았다. 가슴이 아팠다. 문제가 된 평가를 존중하고 이해하려 했다. 하지만 솔직히 받아들이기 어려웠다. 나는 사례 연구를 국제관계학, 한국학/조선학, 젠더 연구, 서사 연구 그리고 과거청산의 맥락, 곧 다학제적 관점에서 접근했다. 그러나 이러한 나의 시도는 "사건 하나 집중하기"로만 평가됐다. 아마도 내 노력이 부족했나 보다. 아니면 내 역량 자체가 부족했든지, 그것도 아니면 심사위원 말이 그냥 맞을 수도 있겠다. 다시 말해 KAL858기 대신 다른 사건 또는 KAL기보다 더 중요한 무언가를 찾아야 한다. 그런데 나는 한 사건에 집중하는 것이, 내가 어떤 다양한 접근법을 취하든, 위험할 수 있다는 점을 알고 있었다. 그렇더라도 이와 같은 평가는 큰 상처를 주었다. '기분 나쁘게 받아들이지는 말자. 좋은 약은 입에 쓰니까 ……. 그래, 좋은 약이라고 생각하자.' 그렇다면 정말 내가 멈춰야 할 시간이 된 것일까? KAL858기를 떠나야 할 시간이?

෪

잊지 못할 경험이 하나 있다. 여름에 KAL858기 가족들이 위령탑 앞에서 집회를 열었다. 이 탑은 실종자들을 위해 세워졌지만, 공식 수사 결과에 맞춰졌다는 점이 문제였다. 가족들은 수사 결과를 받아들이지 않았고 사건이 다시 조사되기를 바랐다. 그리하여 집회를 열기로 했다. 특히 탑을 부수는 '상징적인' 의식도 진행할 계획이었다. 정부가 가족들의 목소리를 듣지 않았으므로 의사를 강하게 표시하려 했다. 집회 날짜가 다가오자 경찰이 많이 보였다. 긴장감이 높아진 상황에서도 가족들, 인권 활동가들과 나는 상징 의식을 진행하기로 했다. 우리는 고무로 된 망치를 집어 들었다. 곧바로 아수라장이 됐다. 경찰이 의식을 막고 모든 물품을 압수하려 했다. 가족들과 나는 최대한 버텼다. 그러자 경찰들이 강제로 해산을 시도했다. 어떤 사람들은 소리를 지르고, 어떤 이들은 울었다. 경찰은 시위에 참여한 이들을 끌어냈다. 경찰 넷이서 두 팔과 두 다리를 하나씩 붙잡고 우리를 한 명씩 들어냈다. 나 역시 마찬가지였다. 사지가 붙들려 공중에 떠 있는 동안 나는 몸부림쳤다. 소리도 질렀다.

하지만 우린 포기하지 않았다. 잠시 뒤, 집회 장소에서 멀리 떨어지지 않은 곳을 골라 몇 사람이 모였다. 그곳은 도로 위 횡단보도였다. 가족들은 여기저기 앉아서 시위를 하기 시작했다. 어떤 이는 펼침막이나 손팻말을 들었고, 또 어떤 이는 도로 위에 눕기도 했다. 나 역시 재빨리 동참했다. 경찰이 또 다가왔다. 내 옆의 가족은 고무망치를 계속 들고 있었다. 더 정확히 표현하면, 망치를 경찰에게 뺏기지 않으려고 두 손으로 꼭 쥐고 있었다. 경찰이 가까이 오자 나는 이 가족의 손을 내 손으로 감쌌다. 망치를 위한 이중 보호막을 만들었다. 다른 이들에게 이 망치는 아무런 의미가 없었으리라. 그저 장난감에 지나지 않았다. 하지만 KAL858기 가족들에게는, 그리고 내게는, 이 고무망치가 양심과 결의를 뜻했다. 엄격히 말하면, 위령탑 부수기 상징 의식은 경찰이 막아서 고무망치를 쓸 수 없었다. 그러나 그날 그 가족과 내게, 이 망치는 거의 전부였다. 쓸모가 없어도, 효과가 없어도, 망치는 살아 있었다.

다만, 기억할 필요가 있다. 그때가 여름이었다는 것을. 우리는 뜨거운 아스팔트 위에 앉아 시위를 했다. 땀과 눈물이 범벅이 됐다. 그날 나는 보았다, 가족들 그리고 나 자신이 소리 지르고 우는 모습을. 절박함, 분노, 끈기를 보았다. 이 경험은 내게 큰 인상을 남겼다. 나에게 KAL858기 사건은 단순히 하나의 사건이 아니다.

나는 한 사건 연구에 오래 집중해서는 안 된다는 말을 자주 들었다. 이 지적에 동의하면서도, 나는 이 개념 자체에 의문을 품기 시작했다. 만약 '단일 사례 연구'가 같은 사건을 똑같은 관점에서 계속 연구하는 것이라면 문제가 될 수 있다. 하지만 나의 경우, 앞에서도 말했지만 그렇지 않았다고 생각한다. 더 넓게는, '단일 사례'라는 말 자체가 문제일 수 있다. 왜냐하면 세상의 모든 일, 인간을 포함한 수많은 그 무엇들이 서로 완전히 분리되어 하나로만 존재할 수 있다는 전제를 깔고 있어서다. 하지만 모든 인간사와 자연사가 그렇게 각각 존재할 수 있을지 모르겠다.

또 다른 사안은, KAL858기 사건에서 115명이 사실상 죽었다고 알려진다. 나는 묻는다. 이 모든 이의 삶과 죽음을 압축하고 쪼그라들게 해서 상자 '하나'에 꾸역꾸역 집어넣을 수 있을까? 과연 옳은 일일까? 그리고 가족들은 어떤가? 아울러 다른 형태로 사건에 영향을 받은 수많은 이들은 어떤가? 우리는 과연 이 모든 이들을 한 줄로 세워놓고, 하나의 막대기로 축소시켜 '단일 사례'라고 부를 수 있을까? 나는 그렇게 말할 자신이 없다.

다행히 나의 지원 신청은 통과됐다. 그 심사 위원이 규정을 따르지 않아 평가 자체가 무효 처리됐고, 또 다른 절차가 이어져 좋은 결과가 나왔다. 그럼에도 심사 위원의 평가에 상처를 받았다. 이른바 학문 또는 과학의 관점에서 심사자가 맞을 수 있다.

"반지가 내게 절대 오지 않았더라면. 이 모든 일이 전혀 일어나지 않았더라면."

영화 〈반지의 제왕〉에서 프로도가 말했다. 나는 이렇게 말하고 싶었다.

"KAL기 사건이 내게 오지 않았더라면. 그 논문을 쓰지 않았더라면. 이 모든 일이 일어나지 않았더라면."

정말 그랬다. 사실 그동안 스스로 회의했던 순간이 몇 번 있었다. 내가 왜 이 사건에 몰두하고 있는지, 왜 여기에 빠져 있는지 스스로에게 묻곤 했다. 생각하고 또 생각했다. 하지만 답이 쉽게 떠오르지 않았다. 아마 초기에는 알고 있었지만 점차 잊어버리지 않았을까? 그럴 수 있겠다. 그렇지 않을 수도 있다. KAL기 사건도 미스터리지만, 내가 왜 사건에 몰두하고 있는지도 미스터리가 되어가고 있다. 어쨌거나 삶은 수학이 아니다. 그 일부는 수학일 수 있겠지만, 인생 전체가 논리와 숫자로만 이루어질 순 없다. 삶은 설명될 수 없는, 또는 설명될 필요가 없는 물음으로 가득하다. 단지 살아갈 뿐이다. 그러다 답을 찾을 수도 있다. 물론 찾지 못할 수도 있겠지만. 그렇더라도 시도하는 모든 것이, 바라는 모든 일이 마지막에는 때로 기적적으로 연결될 수도 있다. 무언가의 한 부분을 이루리라. 우리 자신이 삶이 되고, 삶 자체가 우리가 된다. 그래서 만약 누군가, 왜 이 사건에 관심을 갖느냐고 내게 묻는다면, 이렇게 답하겠다.

"글쎄요, 모르겠습니다 ……. 그냥 그게 접니다. 그게 성주지요."

ౚ

나는 가까운 누군가를 아무런 경고 없이 잃는다는 것에 대해, 조금은 안다. 내가 십 대였을 때 아버지가 돌아가셨다. 바로 그때, 나는 중요한 시험을 치르기 위해 다른 도시에 와 있었다. 아버지도 다른 곳에 계셨다. 지방정부에서 일하셨는데 다른 지역으로 파견을 가신 상태였다. 1월이 었고 한국에서는 가장 추운 때였다. 나는 학교 친구들, 선생님들과 더불어 며칠 뒤 있을 시험을 준비하고 있었다. 그런데 선생님 중 한 분이 나를 따로 부르셨다. 아버지한테 무슨 일이 생겼으니 서둘러 집에 가야 한다고 하셨다. 그 이상의 말씀은 없었다.

몇 가지 준비가 이미 되어 있는 상태였다. 친척분이 (버스나 기차표가 아닌) 비행기표를 구해 공항에서 기다리고 계셨다. 나는 불안했지만 너무 걱정하지는 않으려 애썼다. 공항으로 가기 전에 시간이 좀 있었다. 선생님께서 부르실 때까지 보고 있었던 모의시험 문제를 끝까지 풀기로 했다. 아버지 문제 외에 다른 데 집중하고 싶었으리라. 그렇다면 시험 점수는? 100점 만점에 44점. 놀랐다. 뜻밖의 낮은 점수이기도 했지만, 바로 숫자 4에 놀랐다. 불길한 느낌이었지만 침착해지려 했다.

공항에서 친척분은 아버지 상태에 대해 별다른 말씀을 해주지 않았다. 비행기를 기다리는 동안, 나는 직접 확인해 보기로 했다. 주위를 둘러봤고 공중전화를 찾았다. 아버지가 근무하신 곳에 전화를 했다. 왜 그랬는지 정확히 기억나지 않는다. 아마도 집에 전화를 했는데 어머니와 연결되지 않았었나 보다.

"여보세요? 혹시 박○○ 선생님과 통화할 수 있을까요?"

"실례지만 누구시죠?"

"저 아들인데요."

잠시 침묵이 흘렀다.

"저기 ……, 이미 알고 있을 거라 생각했는데요. 돌아가셨습니다 ……."

나는 할 말을 잃었다. 닭똥 같은 눈물만이 흘러내릴 뿐, 나는 그 자리에서 몇 분 동안 움직이지 못했다. 알고 보니 선생님은 물론이고 친척분도 이 소식을 내게 차마 말씀하지 못하셨다. 아마도 내가 너무 충격을 받을까 봐 어머니가 부탁하셨던 듯싶다. 아무튼 이제 상관없었다. 내가 직접 알게 됐으니. 비행기를 타고 가며 나는 무슨 생각을 했을까? 기억나지 않는다. 하지만 한 가지는 분명히 기억한다. 그것이 나의 첫 비행이었다는 점이다. 그게 무엇이든 첫 경험에는 뭔가 알 수 없는 요소들이 있게 마련이다. 이 경우도 마찬가지였다. 비행기는 높이 날고 있었지만, 나의 세계는 아주 낮게 날고 있었다. 비행기는 빨리 날고 있었지만, 나의 세계는 아주 느리게 날고 있었다.

병원 장례식장은 조용했다. 지하층에 빈소 몇 곳이 있었다. 살펴보니 아버지는, 더 정확히 말해 관이 보이지 않았다. 다른 빈소 한 곳에서만 장례를 치르고 있었다. 돌아가신 분의 영정과 향냄새만이 여기가 기분 좋은 곳이 아니라고 말해주고 있었다. 나는 밖에 나가 기다리기로 했다.

하늘을 봤다. 많은 생각들이 스쳐갔다. 그렇게 기다리고 있는데, 병원
차가 왔다. 문이 천천히 열렸다. 어머니가 보였다. 차 안으로 들어갔다.
어머니가 나를 안으며 울먹이셨다.

"나는 괜찮다. 엄마는, 엄마는 괜찮다."

아버지 시신은 관에 있었다. 나중에 동생도 도착했다. 그리하여 지하
장례식장에 가족이 모두 모였다. 동생과 함께 아버지 영정 사진 앞에 무
릎을 꿇고 앉았다. 어머니는 조문객들을 맞으셨다. 아버지는 갑자기 돌
아가셨다. 심근경색이었다. 나에게는 작별 인사를 드릴 기회가 없었고,
아버지도 마찬가지였다. 그냥 가버리셨다. 그것으로 끝이었다. 눈 깜짝
할 사이 우리는 누군가를 잃어버릴 수 있다. 하지만 이 누군가는 그냥
떠나지 않는다. 바로 우리 안에, 적어도 당분간은 살게 된다. 너무 순식
간에 사라졌기에, 그래서 비현실적이기에 그렇다. 어느 정도 시간이 필
요할지 모른다. 물리학에 관성의 법칙이 있듯 애도에도 관성의 법칙이
있다.

여기에 KAL858기가 날아온다. 누군가 갑자기 사라졌다. 한두 명이 아
니라 115명이다. 가족들은 공항에서 기다리고 있었다. 오랜만에 다시
만나는 순간 그들은 포옹을 하려 했다. 하지만 무슨 일이 있었는가? 작
별 인사는 물론이고, 환영 인사할 기회조차 없었다. 나 자신이 그 경험을
했다. 내가 그 사건에 매달리는 이유가 이 때문은 아닐까? 이 고통이 나
와 KAL기 가족들을 만나게 하지 않았을까? 나 역시 누군가를 갑작스레
잃었기 때문이다. 나는 그것이 무엇을 뜻하는지 조금은, 그래 오직 조금
은 안다.

KAL기 가족들의 충격과 슬픔은 나와 많이 다를 수밖에 없다. 나는 아
버지의 죽음을 확인했지만, 그 가족들은 그럴 수 없었다. 나는 아버지의

시신을 봤지만, 가족들은 그럴 수 없었다. 나는 죽음의 원인을 알았지만, 가족들은 그럴 수 없었다. 가족들의 삶에 대해 내가 말하기는 어렵다. 다만 말할 수 있는 것은, 그분들은 이야기를 들어줄 사람이 필요했다는 점이다. 그리고 나는 들으려고 노력해 왔다……

아버지와 관련해 쉽게 얘기하기 어려운 점이 하나 있다. 나는 아버지 장례식에 가지 않았다. 더 정확히 말하면, 가지 않기로 했다. 장례식이 있던 날, 중요한 시험을 치르기 위해 학교로 돌아갔다. 아버지는 생전에 내가 그 시험을 치르기를 바라셨다. 공교롭게도 시험 날짜는 아버지의 장례식과 겹쳤다. '아빠, 제가 어떻게 하면 좋겠어요?' 대답은 어렵지 않았다. 하지만 이 답에 따라 결심한 대가를 치러야 했다. 아버지 장례식에 가지 않은 것은 그 뒤 평생 짐으로 남아 있다.

෴

"경청하는 자세로 문제의 열쇠를 손에 쥔다."

나는 가끔 나에게 이렇게 말한다……. KAL기 사건으로 박사논문을 쓰기 위해 한국을 떠나기 전 환송회가 있었다. KAL기 가족들이 자리를 마련해 주었다. 나는 그 자리가 다소 불편했다. 조용히 떠나고 싶었다. 가족들이 환송회를 준비하는 데 시간과 돈을 쓰길 바라지 않았다. 하지만 그분들은 나를 그냥 보내고 싶지 않았나 보다. 나 역시 언제 돌아올지 모를 일이어서 마지못해 동의했지만 이내 후회했다. 가족들이 호텔을 장소로 잡았다. 내게 너무 과했다. '호텔에서 환송회를? 아니야, 이건 아니야.' 하지만 어쩔 수 없었다. 가족들이 이미 사람들을 초대하고 준비를 마친 상태였다. 결국, 나는 무거운 마음으로 참석했다. 가족들은 선물도 마련했다. 환송회 그 자체가 내게는 과분했고, 부담스러운 마음에 선물은 받지 않으려 했다.

"우리 선물 안 받으면 예의가 아니지."

가족들이 웃으며 말했다. 결국 선물을 받았다. 비싼 만년필과 샤프였다. 아무리 생각해도 너무 지나친 듯했다.

"저 죄송하지만, 샤프만 받을게요. 이 만년필은 사건이 해결되면, 그때 가져가는 걸로 하죠."

그나마 내가 기꺼이 받은 것은 저녁식사 뒤에 나온 포천쿠키다.

"열어봐."

"그럴까요? 재미있겠네요."

천천히 포천쿠키를 열어봤다. 문구가 나왔다.

"경청하는 자세로 문제의 열쇠를 손에 쥔다."

이 쿠키와 샤프를 빼고, 나는 가족들에게 그 무엇도 받지 않으려 했다. 모임, 기자회견, 집회가 있고 난 뒤 우리는 점심이나 저녁을 같이 먹었다. 나는 밥값을 따로 내려 했지만, 가족들은 늘 말렸다.

"아니, 지금 뭐하는 거예요? 안 돼요."

곤혹스러운 순간이었다. 하지만 나는 원칙이 있었고, 이를 지키기 위해 최선을 다했다. 그럴 때마다 밥값 대신 가족회에 후원금을 냈다. 나는 첫 후원금을 낸 순간을 지금도 기억한다. 사건 관련 논문을 학술지에 실었을 때다. 학술지 투고를 의뢰받아 원고료를 받았다. 그런데 좀 불편했다. 마치 가족들의 고통으로 돈을 버는 듯한 이상한 기분이 들었다. 그래서 원고료를 모두 후원금으로 냈다. 물론 가족들은 받지 않으려 했다.

"아니, 아니, 아니에요! 성주 씨, 이러지 말아요."

"아니, 받으세요. 제발 받아주세요. 저 오랫동안 이렇게 하고 싶었거든요. 그 기억하시죠? 통일논문. 그 상금 받으면 후원하려고 했거든요. 그런데 그게 취소됐잖아요 ……. 그러니까 이거라도 받으세요. 정말이 에요. 꼭 받아주세요."

그제야 가족들은 받았다. 덧붙이자면, 박사논문을 다듬어 해외 출판 사에서 책을 냈는데 그 인세도 후원금으로 냈다.

가족들은 늘 내게 무언가 주고 싶어 했다. 예컨대 현장 연구와 추모제 참석을 위해 한국에 잠깐 들렀을 때였다. 가족들은 치밀하게(?) 계획한 듯했다. 추모제가 끝난 뒤 가족회 회장님이 말씀하셨다.

"아이고, 그렇게 먼 데서 한국까지 와주고, 정말 고마워요."

"아니, 별말씀을요. 추모제 참석하니까 오히려 제가 좋죠."

"그럼 언제 다시 가요?"

"아, 이틀 있다 갑니다."

"아이고, 금방 가네."

"네, 뭐 그렇죠."

"그럼 어디 내가 손 좀 잡아봐도 되겠어요? 금방 간다니까 섭섭해서."

"하하, 네, 그러세요."

회장님이 손을 잡았다. 그런데 …… 이상했다. 내 손에 뭔가를 쥐어주 셨다. 돈 봉투였다. 나는 한 걸음 물러나서 말했다.

"죄송합니다!"

이렇게 말하며 봉투를 바닥에 놓고 우사인 볼트처럼 잽싸게 달렸다. 충분히 거리가 확보됐을 때 멈춰 서서 인사를 한 뒤 웃어 보였다.

KAL기 활동에 함께하는 과정에서 회장님은 나를 무척 신뢰했다. 내 가 박사논문을 쓰러 유럽으로 처음 떠났을 때는 울기도 하셨단다. 호텔 환송회까지 마련해 주신 고마운 분, 재치 있게 돈 봉투를 주려 하셨던 애절한 분, 비록 한국을 떠났지만 회장님께 가끔 안부 인사를 드렸다. 언제나 나를 반겼고 대화를 즐겼다. 회장님은 나를 정말 믿고 아끼는 듯했다. 물론 감사한 마음이었지만 뭐랄까, 죄송하기도 했다. 회장님은 나보다 훨씬 연세가 많았다. 때로 이분은 나를 지나치게 믿는 듯했다. 그런 칭찬을 들을 때마다 나는 생각했다. '나이가 훨씬 적은 나에게 저렇게까지 하시는 게 좀 서글프다.' (아직도 장유유서의 유교 문화가 남아 있는?) 한국에서 이런 관계는 그리 흔치 않다고 생각한다.

그런데 나는 또 다른 문제로 고민하고 있었다. 바로 연구자와 연구 대상과의 관계다. 단지 내가 사건을 연구하기 때문에 회장님께 연락한다고 생각하지 않기를 바랐다. 정보를 얻으려는 목적으로 하는 연락 말이다. 나는 연구자로서가 아니라, 인간으로서 회장님을 존경했다. 예컨대 전화 통화를 하게 되면, 회장님께서 먼저 끊으실 때까지 거의 언제나 기다렸다. 나는 그렇게 해야 한다고 생각했다. 내가 먼저 끊게 되면 회장님이 이렇게 느끼실까 걱정했기 때문이다. '원하는 정보를 얻었으니, 이제 가볼게요.'

무엇보다 나는 회장님과 다른 가족들에게 그 어떤 부담도 안겨드리고 싶지 않았다. 논문 면접을 위해 회장님을 뵐 때도 나는 의도적으로 식사 시간을 피해 약속을 잡았다. 한국에 잠깐 들렀을 때였는데, 이유가 있었다. 몇 년 전 회장님 댁에 처음으로 갔을 때, 회장님은 저녁 식사 시간에 맞춰 오라고 하셨다. 음식을 대접하려 그러시는 걸 알고, 시간을 바꿀 수 있겠느냐고 여쭤봤다. 하지만 회장님은 꼭 그때 오라며 완강히 말씀하셔서 어쩔 도리가 없었다. 그래서 그 식사 시간에 맞춰 갔는데, 세상에나 ……. 나는 뷔페에 온 줄 알았다. 너무나 죄송했다. 물론 회장님은 그렇게 생각하지 않았지만.

'이번에는 정말 확실히 해야겠다.' 이 다짐은 성공했다. 4시에 중요한 약속이 있다고 둘러대고 낮 2시로 약속을 잡았다. 하얀 거짓말, 곧 선의의 거짓말을 했다. 어쨌든 이 덕분에 식사 시간을 피할 수 있었다. 회장님 댁에 도착했을 때, 늘 그랬듯, 회장님은 반갑게 맞아주셨다. 시간이 흘렀고, 3시 30분 정도가 됐다. 나는 조심스러웠다.

"저 ……, 오늘 정말 감사했습니다. 죄송하지만, 이제 슬슬 일어나 봐야 …… 그 중요한 약속이 있어서요."

"아니, 벌써 그렇게 됐어요? 시간 참 빠르네."

"네, 시간이 ……. 오늘 정말 고맙습니다. 그럼 저 일어나 보겠습니다." 천천히 일어났다.

"아니, 안 돼요! 기다려봐요."

회장님은 이렇게 말씀하시며 부엌으로 달려가셨다.

"아니, 회장님. 정말 아니에요. 저 정말 가봐야 되거든요."

회장님은 음식을 포장하시려 했다.

"좀 기다려봐요. 그렇게 가면 안 되죠."

"아니, 죄송하지만 정말 가야 되거든요."

"아니, 잠깐만요. 이거 좀 싸줄게요."

"아 ……, 저 그럼 늦거든요. 시간이 거의 다 돼서 ……"

"아니, 조금만 있어봐요. 다 됐어요. 조금만 더."

"아니, 진짜 죄송한데 지금 가봐야 돼서."

"조금만 기다려요. 다 됐어요 다."

"아니요, 정말 ……."

그러다 멈췄다. 왜냐하면 …… 회장님 손이 떨리고 있어서였다. 빨리 싸줘야 한다는 압박감에 손을 떨고 계셨다. 나는 너무 가슴이 아파 아무 말도 할 수 없었다. 눈물을 글썽이며 가만히 있을 뿐 ······.

જ

KAL858기 가족회와 활동가들이 재수색을 본격적으로 추진하면서 나는 최대 위기 중 하나를 맞이했다. 요점만 말하면 가족들, 활동가들, 지지자들이 서로 상처를 주고 가족회도 분리됐다. 사연이 참 길다.

가족들은 오랫동안 재수색을 비롯해 전면 재조사를 요구해 왔다. 그러나 정부는 그다지 신경 쓰지 않았다. 가족들의 끈질긴 요구로 두 번의 제한적인 재조사 시도가 있었지만, 제대로 된 수색은 이루어지지 않았다. 이와 같은 실망스러운 시도 뒤, 보수 성향이라 할 수 있는 이명박-박근혜 정부 기간에도 가족들은 재조사를 계속 요구했다. 하지만 별다른 진전은 없었다. 그러다 긍정적인 신호가 오기 시작했다. 문재인 정부가 들어서고 가족회와 정부 사이에 협의가 시작된다. 그래서 가족들은 수색 문제에 집중하기로 했다. 만남이 몇 차례 이루어지자, 가족들의 기대감은 높아져 갔다. 그런데 불행히도 이 협의가 실제 수색을 성사시키지는 못했다. 그래서 가족들은 정부의 도움 없이 수색하기로 했다. 곧 민간 주도로 재수색이 추진됐다.

이 계획은 몇 가지 위험성을 안고 있었다. 가장 민감한 사안 가운데 하나는 돈이었다. 수색 비용 마련은 결코 쉬운 문제가 아니었다. 답을 찾기 어려웠다. 내가 알기로, 이 비용 문제 때문에 가족들은 오래전 재수색 시도를 접었던 적도 있다. 그런데 비슷한 상황이 다시 찾아왔다. 대표 활동가라고 할 수 있는 이가 재수색 기획을 주도했고 비용도 계산해 왔다. 이를 검토한 가족회 핵심 임원 가운데 한 사람이 수색 장비 비용을 나름대로 알아봤다고 한다. 그런데 더 저렴한 장비로도 수색이 가능하다는 것을 알게 됐다. 가족회 임원은 활동가에게 이를 알렸다. 이 논의는 훨씬 큰 문제로 이어진다. 바로 신뢰의 문제다. 곧 누군가 재수색을 통해 이득을 취하려 했다는 의심이 싹트기 시작했다. 가족회 임원이 먼저 의심하기 시작했는지, 아니면 활동가 스스로 그렇게 느꼈는지는 알기 어렵다. 어찌 됐든 비용 문제, 시간적 압박감, 서로 다른 의견 등이 얽히고 얽혀 신뢰에 균열이 생기고 있었다. 가족과 활동가 사이에 적대감이 커져갔다. 나는 두 사람 모두를 개인적으로 알고 있었고, 그들은 내게 각각 자신의 의견을 전하며 서로에 대해 좋지 않은 이야기를 했다. 두 분이 서로에게 '적'이 되어가고 있는 느낌이었다.

몇 개월 뒤, 가족회 활동을 지지해 온 어떤 분이 연락을 주셨다. 가족회가 활동가와 공식적으로 결별했다는 내용이었다. 상황이 좋지 않다고 느끼고 있었지만, 이 정도일 줄은 몰랐다. 굉장히 가슴 아린 소식이었다. 하지만 마음속 깊은 곳에서는 그다지 놀랄 일은 아니라고 느꼈다. 나는 활동가를 둘러싸고 논란이 있어왔다는 점을 인지하고 있었다. 활동가는 시민사회에서 비교적 알려진 분이다. 지난 15년 정도 KAL기 사건 재조사 요구 운동에서 가장 활발히 움직였던 분들 가운데 한 명이다. 더 정확히 말하면, 이분이 가족회와 시민사회 사이에서 사람을 모아 재조사 요구 운동을 거의 이끌어왔다고 할 수 있다. 가족들과 나는 정말 감사한 마음이었다. 몇 년 전, 현장 연구를 위해 한국에 잠깐 들렀는데 가족회 활동을 돕는 어떤 분이 연락을 주셨다. 그래서 만났는데, 그 활동가에게 문제가 있다고 했다. 활동 방식이 좀 독선적이라는 비판이었다. 중요한 결정을 거의 혼자서 내린다는 말이다. 또한 이 문제에 대해 가족들에게 이야기를 했지만, 가족들은 활동가를 전적으로 믿고 있다는 말도 들었다.

이 이야기에 괴로웠지만, 그렇다고 크게 놀라지는 않았다. 나 역시 지난 몇 년 동안 뭔가 문제가 있다고 느껴왔기 때문이다. 하지만 나는 활동가를 이해하려 노력했다. 그가 재조사 요구 활동에서 핵심 역할을 했다는 점은 누구도 부인할 수 없었다. 예컨대 그는 2000년대 초반부터 거의 모든 추모제를 기획하고 준비해 왔다. 헌신적이었고 적극적이었다. 가족들은 자연스레 그를 신뢰하게 됐다. 나도 마찬가지였다. 그는 늘 계획이 있었고, 왕성하게 활동했다. 한편으로 그에게도 어려운 순간이 있었다. 재조사 활동에 본격적으로 함께할 무렵, 국정원 직원들이 찾아와 경고를 했다고 한다. 그의 외국 발령도 부분적으로는 KAL기 활동 때문이었다고 알려진다. 천주교 사제로서 몇 년 동안 해외 사목 활동을 해야 했다. 그렇더라도 그는 쉬지 않았다. 오히려 현지에서 사건 관련 해외 자료를 모으기도 했다. 그 뒤 한국으로 돌아와 가족들과 계속 활동했다. 나를 비롯한 주위 사람들은 그를 참으로 존경했다.

내가 듣기로, 문제는 2018년도에 불거지기 시작해 이듬해 급속도로 나빠졌다. 민간 주도의 수색이 적극 추진되던 때와 맞물린다. 그는 정부와의 협의가 크게 진전이 없어 실망했고, 이것이 문제가 커지는 데 배경이 된 듯했다.

양쪽에서 계속 연락을 받아온 나는, 2019년 현장 연구를 위해 한국에 들렀을 때 모두를 직접 만나보기로 했다. 11월 추모제에 참석하면 어찌됐든 뵙게 되리라 생각했다. 이를 떠나, 활동가는 나를 만나고 싶어 했고, 그래서 상황 파악을 위해서라도 뵙기로 했다. 한국으로 가는 비행기에서 내 마음은 참 무거웠다. 활동가는 그동안의 상황을 구체적으로 설명했다. 나는 주로 들었고, 그에게 가족회 임원을 만날 계획이라고 말했다. 그러자 가능하다면 자신의 이야기를 가족에게 전해줄 수 있냐고 했다. 과거는 과거고, 자신은 명예롭게 물러났으면 한다는 내용이었다. 화해를 바라고 있었다. 이 만남 뒤, 나는 어찌해야 할지 몰랐다. 중재자가 되어달라는 그의 부탁을 들어줘야 하는가? 내 직감은 아니라고 말했다. 무엇보다 중재자로 나서기에 나는 상황 자체를 충분히 알고 있지 못하다고 느꼈다. 아울러 '화해'가 얼마나 어렵고 복잡한 것인지 알고 있기도 했다.

그렇지만 한편으로는 중재자가 되고도 싶었다. 나는 이 갈등에 어떤 형태로든지 이미 개입되어 있는 상태였기 때문이다. 게다가 한국을 오랫동안 떠나 있어 두 분 모두에게 미안한 심정이었고, 그래서 뭔가를 하고 싶었다. 어쩌면 중재자가 되는 일이 마음의 짐을 덜어낼 수 있는 방법이지 않을까 했다.

만나려고 한 가족회 핵심 임원은 가족회 전 회장의 따님이었다. 전 회장님은 내가 앞에서 말한 바 있는 그분이다. 15년 정도 회장으로 활동하시다가 건강 문제로 그만두셨다. 그리고 그분의 딸이 뒤를 이어 가족회 활동에 적극 함께하게 된다. 나는 한국을 떠나기 전 회장님과 몇 년 동안 활동을 같이했고, 유럽에 있는 동안에도 연락을 드리곤 했다. 그리고 한국을 방문할 때면, 보통 추모제 장소나 회장님 댁에서 (따님과 함께) 뵈었다. 이번에는 추모제가 있기 전 회장님 댁을 먼저 찾았다. 주된 목적은 회장님 딸, 곧 가족회 임원을 만나는 것이었다. 그분은 자신의 이야기를 들려주었고 나는 상황을 좀 더 파악할 수 있었다.

그런데 가족은 대뜸 그 활동가와의 전화 통화를 녹음했다거나 그러지는 않았다고 말했다. 증거가 없다는 말이다. 나는 좀 뜬금없다고 느꼈는데, 나중에 생각해 보니 자신의 말을 믿어주지 않을 것 같아서 그랬던 듯했다. 정말 슬펐다. 그동안 KAL기 가족들이 고통스러워했던 이유 가운데 하나가, 사람들이 그들을 믿어주지 않아서였다. 나에게조차 그런 말을 해야 했던 상황이 지금도 슬프다.

그런데 이보다 더 슬프고 긴장된 순간이 기다리고 있었다. 앞서 밝혔듯, 처음에 나는 중재자 역할을 하지 않기로 결심했다. 그런데 실제로 가족회 임원을 만나니 마음이 바뀌어 활동가의 말을 전하기로 했다. 내가 그 얘기를 꺼내자마자 가족은 차가운 목소리로 말했다.

"저는 성주 씨가 그런 얘기를 하려고 온지 상상도 못 했어요. 엄마 보러 왔다고 생각했는데 ……."

꽤 놀라고 실망했다는 느낌을 확실히 받았다. 어조가 달라진 목소리는 나에 대한 믿음이 무너지려 한다고 일러주었다. 얼굴 표정 역시 마찬가지였다. 이 가족은 활동가가 나를 보냈다고 생각하는 듯했다. 나는 오해를 사지 않기 위해 왜 오게 됐고 무슨 생각을 하고 있는지 말씀드렸다. 가족회 임원은 다행히 나를 이해해 주었다. 그리하여 신뢰를 둘러싼 위기는 끝났다. 적어도 내가 느끼기에 그랬다. 아무튼 좀 겁이 났다. 10년 넘게 쌓은 신뢰가 1분 만에 무너지려 했으니, 정말 커다란 교훈을 얻었다. 중재자로 나서는 일은 그렇게 서둘러선 안 된다. 화해로 이끌기 위한 섣부른 개입은 위험하다. 그리고 '화해'라는 말 자체도 그리 쉽게 써서는 안 된다. 돌아보건대, 나는 너무 순진했다. 상황이 얼마나 심각한지 모르고 있었다.

그렇다. 상황은 내가 생각했던 것 이상으로 훨씬 나빴다. 가족회는 얼마 뒤 임원을 지지하는 쪽과 활동가를 지지하는 쪽으로 갈라졌다. 더 구체적으로 말하면 활동가를 지지하는 가족들이 원래 가족회에서 나간 뒤 모임을 새로 만들었다. 가족회 회장이 바뀌었는데, 문제는 핵심 임원과 달리 회장이 활동가를 지지하고 있었다. 회장은 결국 물러났고, 가족회에서 탈퇴한 뒤 새로 만들어진 조직의 회장이 됐다. 이렇게 가족회는 갈라졌고, 내 마음도 망가졌다. 이를 계기로 그 활동가에 대한 고민은 더 깊어졌다. 나는 그에게 그동안 문제 제기를 하지 않았는데, 왜냐하면 한국을 떠나 있는 동안 그에게 큰 빚을 졌다고 생각했기 때문이다. 가족들과 함께하고 고생한 사람은 결국 그였다. 하지만 가족회가 갈라지는 모습을 보며 나는 어느 때보다 복잡한 심정이었다. 이 상황은 다른 사람을 대변해 말하고 행동하는 것의 의미에 대해 고민하게 만들었다. 타인의 고통을 다루는 행위는 어떤 의미를 지니는가? 왜 우리는 다른 이들을 돕고 싶어 하는가? 그리고 어떻게 도울 수 있는가? 나아가 그 대가는 무엇인가? 그리고 이득은? 어렵지만 꼭 던져야 하는 물음이다.

활동가의 헌신과 노력은 재조사 운동에 크게 기여했다. 누가 봐도 인정한다. 그런데 짐작으로는 어느 순간 그가 과정보다 결과에 집중하게 되지 않았을까 한다. 최우선 과제는 무슨 수를 써서라도 해내는 것이었다. 그래서 소통 문제, 가족들과 다른 지지자들 사이의 논의는 그다지 중요하지 않았을 수 있다. 결과적으로 굉장히 비극적인 상황으로 이어졌는데, 나는 그가 일하는 방식이 과연 가치가 있었는지 묻게 된다. 그렇게 활동가를 둘러싼 논란은 불편한 질문을 던지게 했다. 이는 연구자로서의 나 자신도 돌아보게 했다.

한편 2020년 초에 또 다른 의미에서 극적인 상황이 전개된다. 버마(현재 미얀마) 해역에서 KAL858기 동체로 추정되는 물체가 발견됐다. 안기부 수사 결과와는 달리, 이 물체들은 거의 파손되지 않은 상태였다. 비행기 몸통과 날개가 비교적 잘 보존되어 있었다. 특히 왼쪽 날개에 엔진 하나가 붙어 있었는데, 이는 기체가 바다에 빠질 때 충격이 크지 않았다는 뜻이다. 물론 이 물체들이 KAL858기 것인지는 확실하지 않았다. 수중

촬영된 영상만 있었기 때문이다. 그렇더라도 언론 보도에 따르면 기체 가능성이 높아보였다. 매우 중대한 발견이었다.

그럼에도 조심스럽게 생각할 필요가 있었다. 먼저 이 수색은 앞서 말한 활동가의 도움으로 어느 방송사가 추진했다. 가족회 구성원들과 충분히 협의되지 않은 상태였다. 사실 가족회 임원들은 다른 방송사와 수색을 추진했다고 한다. 둘째, 이 물체들은 논란이 될 만한 방식으로 발견됐다. 그 해역은 군부가 관리하는 곳이라 수색을 하기 위해서는 미얀마 당국의 허가가 필요했다. 가족회 임원들과 취재에 나선 방송사의 경우, 공식적으로 수색 허가 신청을 했고 그 답변을 기다리는 중이었다고 한다. 하지만 시간이 꽤 걸렸고, 그런 가운데 활동가의 협조를 받은 방송사가 허가를 받지 않고 수색을 했다. 셋째, 이 발견을 통해 가족회에서 분리되어 만들어진 '유족회'가 정당성을 얻었다는 점이다. 추정 물체를 발견한 방송사는 보도를 위해 가족들에게 협조를 구해야 했지만, 이 방송사는 가족회와 관계가 좋지 않았다. 이 틈을 기존 가족회에서 분리된 유족회 분들이 채운다. 그리하여 '가족회'는 이 물체 발견 전후 과정에서 배제됐다.

이러한 이유로 이 물체 발견 소식을 기쁘게만 받아들일 수 없었다. 가족회와 방송사를 둘러싼 정치적이고 윤리적인 문제를 함께 고려해야 한다. 물론 과정에 문제가 있었지만, 수색 자체는 필요했고 성공했다. 여기에 쏟은 정성과 노력은 소중하다. 하지만 이는 정말 민감한 문제고, 나에게는 어떤 특별한 답이 없다.

나는 2000년대 초반부터 추모제에 최대한 참석해 왔다. 2019년 행사는 여러 가지 면에서 이례적이었다. 핵심 임원은 내게 추모제가 아주 힘들게 치러질 듯하다고 귀띔했다. 2000년대 초반부터 2018년까지 거의 모든 추모제는 그 활동가가 준비했다. 그러나 가족회와 활동가 사이에 갈등이 커지면서 이제 과연 추모제가 치러질 수 있을지 불확실했다. 임원에 따르면 활동가가 추모제 준비에 필요한 자료를 모두 가지고 있는데 이를 넘겨주지 않는다고 했다. 정확한 사정은 모르지만, 내가 듣기로는 그랬다. 그래서 나는 돕기로 했다. 사실 이전에도 추모제 관련된 일을 돕곤 했다. 그리하여 당일에 핵심 임원과 자원봉사자를 아침 일찍 만나기로 했다. 우리는 이것저것 확인을 하며 준비했다. 임원은 걱정을 많이 했지만 추모제는 비교적 순조롭게 치러졌다. 가장 인상 깊었던 것은 가족들이 실종자들의 사진과 이야기를 나누는 장면이었다. 이는 이전 추모제에서는 볼 수 없었다. 가족들은 사진이 보이는 큰 화면 옆에 한 명씩 나와 소개를 하고 실종자 얘기를 했다. 매우 상징적인 장면이라 할 수 있는데, 가족들이 행사의 중심이라고 말하는 듯해서다. 곧 추모제와 재조사 운동의 주인공은 가족들이라는 선언이었다.

논란에 휩싸인 활동가 역시 추모제에 왔다. 긴장된 분위기였다. 가족회 부회장이 성명서를 읽는 순서에서 긴장은 더 높아졌다. 가족회는 성명서에서 민간이 개인적으로 주도하는 재수색에 반대한다고 밝혔다. 이는 활동가가 계획하는 수색에 함께할 수 없다는 뜻이었다. 가족회의 성명서 낭독은 추모제 순서에 늘 들어가 있었다. 하지만 이번에는 가족회와 계속 함께해 왔던 활동가를 간접적으로 비판했다는 점에서 달랐다.

긴장은 추모제 뒤에 열린 총회에서 최고조에 달했다. 활동가는 자신이 준비한 성명서를 가족들 앞에서 읽고 나갔다. 나는 누구의 잘못인가를 떠나, 참 가슴이 아팠다. 활동가가 나간 뒤 가족들 사이에 격렬한 토론이 이어졌다. 어떤 이들은 소리를 지르기도 했다. 내가 보기에는, 가족들 대부분이 활동가의 방식에 문제가 있다고 생각했다. 이 민감한 논의에 이어 가족회 집행부를 새로 뽑기 위한 선거가 있었다. 활동가를 지지했던 현직 회장은 예전에 개인 사정으로 회장직을 계속 맡기 힘들다고 말한 바 있었다. 이에 따라 새로운 회장과 집행부가 뽑혔다. 이들 사이에는 한 가지 공통점이 있었다. 바로 활동가에 대한 문제의식이었다. 이로써 갈등이 마무리된 듯했다.

하지만 일이 흑백으로 꼭 명확히 갈리지는 않았다. 나는 그가 일선에서 물러나고자 했던 것을 기억한다. 2005년 어느 날, 그는 내게 자신이 재조사 운동에서 빠지면 어떻겠느냐고 물었다. 아니, 사실상 물러날 생각을 하고 있는 듯했다. 그때 그의 역할은 아주 중요했기에, 나는 그가 없으면 상황이 많이 힘들어진다고 답했다. 그리고 10년이 훨씬 지난 2018년, 나는 비슷한 이야기를 또 들었다. 현장 연구와 추모제 참석으로 한국에 왔을 때였다. 그는 내가 한국으로 돌아와 그의 역할을 대신해 주기를 바랐다. 적어도 그를 도와주기를 ……. 꽤 지쳐 있다는 느낌이었다. 죄송한 생각이 들었다. 그리고 이듬해에 가족회와 갈등이 드러났고 상황이 급격히 나빠졌다. 나는 스스로에게 물었다. 만약 그가 2005년에 물러났다면 어땠을까? 그리고 내가 2018년 그의 역할을 넘겨받았다면 어땠을까?

아무튼 가족회 분리 소식에 정말 가슴이 아팠다. 나를 더욱 혼란스럽게 한 것은 새로운 모임의 이름이었다. KAL858기 유족회 ……. 좀 복잡한 이야기다. 1980년대 말 가족들이 모임을 처음 만들었을 때 집행부 대다수는 정부의 수사 결과를 받아들이는 편이었다. 다시 말해 북쪽이 비행기를 폭파시켜 115명을 죽였다고 생각했다. 그리하여 모임의 이름을 유족들의 단체라 하여 '유족회'라고 불렀다. 유족회는 재조사를 요구하기보다 적절한 보상을 우선으로 여겼다. 어떻게 보면 가족들의 현실에서는 그럴 수밖에 없기도 했다.

그런데 이러한 태도는 2000년대 초반 가족회 집행부가 바뀌면서 변화한다. 새로운 집행부는 수사 결과에 문제가 있기 때문에 재조사가 필요하다고 생각했다. 실제로 정부 수사에는 문제가 많았다. 예컨대 블랙박스나 시신이 발견되지 않았다. 다만 새로운 가족회가 확신하는 점이 하나 있었다. 비행기와 가족들이 사라졌다는 것이다. 그래서 이들은 스스로를 유족회가 아닌 "실종자" 가족회로 부르기 시작했다. 유족회냐 가족회냐, 용어가 중요했다.

그렇기에 가족회에서 분리된 단체가 '유족회'라는 이름을 썼을 때 나는 혼란스러웠다. 그러면 이 유족회가 정부의 기존 수사 결과를 받아들이는가? 그렇지 않다. 유족회 가족들도 재조사를 바라고 있다. 가족회와 유족회의 차이는 미얀마 수색을 어떻게 할 것인지와 관련 있다. 유족회는 활동가와 그가 추진한 민간 주도 수색을 지지했다. 활동가의 지원을 받은 방송사가 2020년 1월 동체 추정 물체를 발견했고, 이를 보도하기 위해 가족들의 참여가 필요했다. 그렇지만 그때 가족회는 대부분 활동가와 갈등 관계에 있었고, 이 과정에서 가족회가 분리됐다. 새로 만들어진 모임은 이름을 유족회로 정했다. 이 명칭은 추정 물체가 KAL858기의 것이라는 전제에서 가능했다. 비행기 기체가 대부분 온전하게 발견되어 시신이 안에 있을 가능성이 많으므로, '실종자 가족'이 아닌 '유족'이 됐다는 뜻이다.

다만 2021년 10월 현재(2022년 7월 최종 확인)까지 그 물체의 수습은 이루어지지 않았다. KAL기의 동체일 가능성이 있지만 확실하지는 않다. 이런 점에서 '유족회'라는 명칭은 가족들과 사건을 둘러싼 매우 민감한 정치학을 드러낸다고 하겠다.

이 두 가족 모임은 이미 복잡한 사건을 더욱 복잡하게 만들었다. 문재인 정부는 추정 물체 확인을 위해 조사단을 꾸리기 시작했다. 가족회와 유족회 모두 이 과정에 함께했는데 두 모임 사이의 갈등이 논의를 어렵게 만들기도 했다. 예컨대 가족들이 직접 조사단에 들어갈 것인지, 그렇다면 몇 명이 갈 것인지를 놓고 의견이 달랐다. 결국 가족들은 가지 않기로 했는데, 다음 문제는 '과연 누구를 대신 추천할 것이냐'였다. 이와 관련해서도 의견이 엇갈렸다. 조사단의 논의는 결코 쉽지 않았다. 이를 포함해, 가족회의 분리는 많은 이들에게 혼란스러운 신호를 보냈다. 예를 들어 사건 재조사에 관심이 있는 정치인들이 몇 명 있었다. 그런데 가족회가 분리된 상황을 알고 나서 고민하기 시작했다. 뭔가 도와주고 싶지만, 구체적으로 어떤 단체와 함께해야 하는지 망설였다. 이처럼 가족회의 갈등은 추정 물체 발견 전후로 빠르게 나빠졌고, 더불어 가족들이 공식적으로 갈라지기까지 했다.

하지만 이 문제는 밖으로 크게 드러나지는 않았다. 몇 가지 이유가 있었다고 안다. 무엇보다 재조사 운동을 지지하는 이들이 가족들에게 되도록 단합된 모습을 보여달라고 촉구했다. 가족들의 분열된 모습이 운동에 불리하며, 나아가 수사 결과를 지지하는 쪽에 이용되지 않을까 하는 우려에서였다. 또한 가족들 가운데서도 갈등이 알려지면 좋지 않고 결국 가족들 스스로에게 해가 되리라고 생각하는 분들이 있었다.

이 상황은 2020년 11월 극적으로 변한다. 가족들에게 가장 중요한 날이라 할 수 있는 추모제와 관련 있다. 내가 알기로, 처음 두 단체는 추모제를 같이 열기로 했다. 그러나 복잡한 사정으로 그럴 수 없었다. 이에 가족회와 유족회는 추모제를 따로 갖기로 한다. 달리 말하면, 가족회의 분리가 세상에 정식으로 알려질 순간이 다가왔다. 내 생각에는 더 많은 논란이 일 듯했다. 나는 그동안 가족들과 직간접적으로 계속 일해왔고 양쪽을 대부분 알고 있었기 때문에 추모제마저 따로 지낸다는 소식을 듣고 정말 가슴이 찢어졌다.

나는 이 과정에서 두 단체 모두의 연락을 받았다. 각각 자신들이 주최한 추모제에 와주기를 바랐다. 가족회가 먼저 연락을 해왔다. 나는 아직 해외에 있다고 말씀드렸는데, 그러면 추모제에서 낭독할 만한 글을 보내줄 수 있냐고 요청했다. 나는 그렇게 하겠다고 대답했다. 며칠 뒤 이번에는 유족회에서 연락을 해왔다. 혹시 한국에 있다면 추모제에 와달라는 부탁이었다. 아직 해외에 있다고 대답하자, 그 뒤로 특별한 요청은 없었다. 나는 연락주신 분들을 모두 알고 있었고, 가족회가 분리된 뒤에도 계속 양쪽의 연락을 받았다. 연락이 올 때마다 최대한 정중하고 '공평'하게 답을 드리려 애썼다. 추모제 관련해 얼마나 많은 이들이 따로 연락을 받았는지 모르지만, 기자들을 비롯한 참석자들이 혼란스러워할 듯싶었다. 이 추모제가 가장 논란이 되고 혼란스러운 추모제로 기록될 것은 시간문제였다.

지금까지 많은 추모제에 참석해 봤지만, 가장 슬펐던 추모제는 앞서 말한 2019년 행사였다. 더 정확히 말해 제일 슬펐던 대목은 추모제 뒤에 있었던 총회였다. 가족회가 거의 분리되기 직전이었다. 설명했듯이 활동가를 둘러싸고 격론이 있었다. 어느 조직에서나 특정 사안에 대해 구성원들 의견이 다를 수 있다. 그다지 이상한 일은 아니다. 문제는 그 때문에 조직이 분리되고 서로가 정당성을 얻기 위해 싸우면서 불거진다. 이런 경우 보통 상대방을 비난하고 음해하는 일이 동반된다. 나는 이런 험악한 모습을 다른 시민사회단체들에서 봐왔다. 이런 모습이 KAL기 가족들 사이에서도 보일까 봐 걱정스러웠다. 사실 양쪽의 연락을 받으며 비슷한 모습이 감지되기도 했다. 긴장 가득한 이 관계가 서로 다른 추모제를 계기로 폭발하진 않을까 두려웠다. 결과적으로는, 알 수 없는 이유로 유족회의 추모제가 취소되고 가족회의 추모제만 비대면으로 진행됐다.

&#8272;

"이 모든 것은 당신과 함께 시작된 겁니다."

어떤 이에게 제기할 문제가 있어, 나는 조심스럽고 정중하게 이야기했다. 그는 대화 중에 이렇게 말했다. 한 문장이었지만 뜻은 분명했다. 내 잘못이라는 얘기였다. 가장 상처가 된 말은 "모든"이었다. 오직 나에게만 책임이 있었다. 이 말을 한 사람은 책임에서 벗어났다. 달리 말하면, 나는 처음부터 문제를 제기하지 말았어야 했다. 그냥 불리한 상황을 참고 있어야 했다. 조용히 하고 현상을 유지해야 했다. 그렇지만 내가 문제를 제기해서 상황이 복잡해졌다. 그러므로 내가 잘못했다……. 나는 충격을 받았다. 한 문장이 아니라, 1미터 칼에 찔린 심정이었다.

이런 칼 같은 말은 새롭지 않았다. KAL858기 사건을 생각하면 그랬다. 이 사건을 좀 더 잘 이해할 수 있을 듯했다. KAL기 가족들은 정부에 대해 문제의식이 있었다. 정부 수사에 허점이 많아 그 결과를 받아들일 수 없었다. 그래서 재조사 운동을 시작했다. 하지만 정부의 태도는 분명했다. KAL858기 사건은 이미 끝난 사건이었다. 정부에서 보기에는 폭파범이 자백을 했고 그것으로 끝이었다. 이미 오래전에 결론이 났다. 더는 문제를 일으키지 마라. 왜 이렇게 일을 복잡하게 만드는가? 다른 상황이지만 비슷한 논리다. 현상 유지가 다시 한번 강조된다. 가족들이 조용히 있었다면 아무런 문제도 없었다. 하지만 가족들이 변화, 곧 재조사를 요구했다. 그래서 일이 복잡해졌고, 그러므로 가족들이 잘못했다 ……. 정부는 가족들이 조용히 있지 않아서 문제가 됐다는 입장이다. 결국 핵심은 똑같다.

"이 모든 것은 당신과 함께 시작된 겁니다."

이 말에서 느낀 또 다른 점은 고립 또는 외로움과 관련 있다. 그 사람은 자신의 편을 데려와 직간접적으로 이 말을 받아들이도록 나를 압박했다. 그들의 눈에는 내가 문제였다. 나에게 뭔가 잘못된 점이 있었다. 그렇게 나는 외로웠고 고립됐다.

이 느낌은 이상하게도 KAL기 사건을 떠올리게 했다. 수사 결과를 받아들이지 않았던 가족들은, 처음에는 목소리를 크게 내지 못했다. 초기 집행부는 수사 결과를 받아들이고 보상을 제대로 받는 데 집중하려 했다. 앞에서도 말했지만, 가족들의 여러 가지 어려운 사정을 생각하면 이해할 만하다. 게다가 당시 집행부는 반북 성향이 강했던 정부와 뜻을 같이했다. 이 점을 고려하면 가족회가 정부 및 반공 우익단체와 가깝게 지냈다는 것이 놀랍지 않다. 이런 상황에서 재조사를 요구하는 일은 그저 무시되거나 북을 옹호하는 것으로 왜곡되곤 했다. 2000년대 초반 수사 결과에 문제가 있다고 생각하는 가족들이 집행부를 새롭게 이룬 뒤에야 재조사 운동이 본격화된다. 나는 내 경험을 바탕으로, 초기부터 재조사를 요구했던 가족들의 외로운 심정을 좀 더 이해할 수 있을 듯하다.

부당한 대우를 받으면서 내 몸에도 직접적인 이상이 나타났다. 치실을 사용하면서 나는 계속 그 사람에 대해 생각했고, 어떻게 대처할까 고민했다. 아무리 이해하려 노력해도 받아들이기 어려웠다. 부당했다. 이런 고민을 하고 있는데, 갑자기 좋지 않은 느낌이 들었다. 치실을 움직이던 손을 멈추니 바닥에 하얀 것이 떨어져 있었다. 처음에 나는 이빨에 끼어 있던 음식물이라 생각했다. 혹시나 하여 만져보았다. 좀 딱딱했고 음식물 같지는 않았다. 뭔가 불쾌한 일이 벌어졌다고 직감했다 ……. 그렇다. 내 이빨이었다. 치실을 사용하는 데 집중하지 않아서, 그 사람 일을 계속 생각하느라, 그만 내 치아를 부러뜨리고 말았다. 어떻게 해야 할지 몰랐다, 그저 멍하니 그 자리에 서 있었을 뿐.

이를 계기로 나는 '회복될 수 없는' 피해에 대해 고민하게 됐다. 어떤 면에서 그 사람은 내게 (간접적이었지만) 물리적인 피해를 안겼다. 나는 음식을 먹거나 칫솔질을 할 때마다 내 몸의 부서진 부분을 느낀다. 그리고 이는 그 사람 또는 그와 관련된 좋지 않은 기억을 떠올리게 한다(나는 꽤 비싼 치과 치료를 받기는 했지만, 이가 부러진 그 피해를 지금도 느낄 수 있다).

이 회복될 수 없는 피해는 거기에서 그치지 않는다. 피해 원인과 관련한 여러 가지 것들이 또 다른 고통으로 이어진다. 예컨대 그 사람과 외모나 배경이 비슷한 사람을 보면 바로 좋지 않은 경험이 떠오른다. 특히 어떤 이가 외모나 배경을 떠나 그 사람과 비슷한 성향을 보이면 문제는 더 심각해진다. 이러한 반응은 참으로 복잡하고 불편하다. 나는 내 영혼을 지키기 위해 애쓴다. 그 부당한 경험이 앞으로의 삶에 더는 나쁜 영향을 끼치지 않게 하려 몸부림친다.

이런 상황은 그 사람이 말한 "이 모든 것은 당신과 함께 시작된 겁니다"라는 서사와 큰 차이를 보인다. 모든 상황과 완전히 거리를 둘 수 있다는 이야기다. 그 사람은 복잡하게 얽힌 세상에서 쉽게 사라졌지만, 나는 바라지 않는 지속된 얽힘과 마주해야 한다. 그 사람의 단순해질 수 있는 능력이 부럽다. 나도 모든 것을 잊어버리고 싶다.

이상스럽게도 나는 이 대목에서 또 KAL기 가족들을 떠올린다. 논문 면접을 하고 있었는데, 갑자기 불안한 모습을 보이는 실종자 가족이 있었다. KAL기에 아들이 타고 있었는데, 아들을 잃은 뒤로 비행기 소리가 들릴 때마다 고통스럽다고 했다. 면접 중에 비행기 소리가 들렸다. 이제 나는 그 실종자 가족이 왜 그랬는지 더 잘 이해할 수 있을 듯하다. 또 다른 실종자 가족도 생각나는데, 이분은 젊은 여성을 볼 때마다 슬퍼진다고 했다. 딸이 KAL기 승무원이었다. 내 경험을 바탕으로, 이 가족의 사례 역시 좀 더 이해할 수 있을 듯싶다.

하지만 내가 경험한 가장 큰 상처는, 날 바라보던 그 사람의 눈빛이다. 나를 마치 이상한 생물체 또는 쓰레기 보듯 쏘아보던 그 잔인하고 차가운 눈빛. 그 사람은 내게 계속 말을 했지만, 나는 얼어버려서 무슨 말인지 듣지 못했다. 그 눈빛은 무시와 역겨움으로 가득했다. 내 자존감을 짓밟았다. 이 모멸스러운 순간에 언젠가 KAL기 가족이 했던 말이 떠올랐다.

"우리는 벌레보다 못한 취급을 받았어요."

가족들의 사건은 오래전에 끝났다. 폭파범이 자백했고, 정부가 조사를 했으며, 대법원이 결과를 확정지었다. 하지만 가족들은 재조사를 바랐다. 그래서 "벌레보다 못한" 이들이 됐다. 나는 이 말이 무슨 뜻인지, 그 사람의 눈빛에 상처받기 전까지 잘 몰랐다. 그러나 가족들이 어떤 느낌이었을지 이제 조금은 알 듯하다.

아울러 나는 그 눈빛을 다른 곳에서도 찾을 수 있다고 생각한다. 문제의 눈빛을 백인 경찰에게서 본다, 그들이 흑인을 어떻게 대하는지. 이 눈빛을 제국주의 경험이 있는 나라에서도 본다, 식민지였던 나라 사람들을 어떻게 대하는지. 글쎄, 내가 너무 과장하는 것일지도 모른다. 나는 그 사람과의 갈등에서 내가 완전무결하다고 생각하지 않는다. 하지만 그 눈빛, 나를 경멸하던 그 시선은 그냥 지나칠 수 없다. 어느 시인이자 학자가 그러했듯, 그 어떤 말로도 답답한 외침을 표현할 수 없다(Motta, 2018: 16~17). 어쩌면 나는 KAL858기 사건 덕분에 더 민감한, 그리고 더 공감할 수 있는 사람이 됐는지 모른다. 그 차가운 시선, 냉정한 목소리를 잊을 수 없다.

제3부

# 2
## 0

20년. 그렇다, 나는 20여 년 동안 이 의문의 사건에 매달려 왔다. 통일 논문, 그러니까 비공식 학사논문에서 짧게 다룬 뒤, 석사논문에서 포괄적으로 다루었다. 박사논문에서는 다른 관점에서 더 깊이 고민했고, 그 뒤로도 계속해서 이 사건을 다루고 있다. 그 과정에서 수많은 드라마가 있었다. 좋지 않은 굴곡들 말이다. 참 고통스러웠다. 숨이 막히는 듯했다. 동시에 나는 사건과의 인연을 운명이라 믿기 시작했다. 숨이 막힐 때마다 생각했다. 'KAL기는 나의 운명이다.' 포기하고 싶을 때마다 생각했다. 'KAL기는 나의 운명이다.' 그러면 놀랍게도 힘이 났다. '그래, 이건 내 운명이다. 다 뜻이 있어 그런다. 나는 버텨내게 되어 있다.' 이는 무언가를 극복한다는 말이 아니다. 무언가와 같이 살아가는 것, 계속 견디는 것이다. 그래서 끝까지 갈 수 있게 해주는 신비한 힘이다. 그래, 결과와 상관없이 끝까지.

지난 몇 년 동안 특히 힘든 상황이 계속되고 있었다. 내가 계획한 모든 일이, 내가 쓰는 모든 글이 잘되지 않았다. 이들은 KAL기 사건과 어떻게든 연관이 있다. 더 빨리 끝날 수 있었지만 모두 지연됐다. 그 이유에 대한 설명이 없어 무작정 기다려야 했다. 뭔가 이유가 있겠지 짐작만 했다. 그러면서 지쳐갔고 의욕을 잃었다.

슬프고 민망한 일이지만 이 책의 '원저'를 내는 과정도 마찬가지였다. 원래 내 제안서를 담당했던 편집장은 내 느낌에 좀 이상했다. 도대체 답이 없었다. 그러다 1년이 훨씬 넘어 답이 왔는데, 회사를 그만두기 하루 전이었다. 혹시나 하여 심사 결과 문서를 확인해 보니, 4개월 전에 최종 편집되어 있었다. 내게 훨씬 빨리 연락을 줄 수 있었는데, (무슨 이유에서인지) 묵혀두다 퇴사 하루 전, 급히 보낸 것이다. 그러면서도 미안하다는 말 한마디 없었다. 무책임했다. 물론 늦게나마 답을 줘서 고마웠지만 성의 없는 태도에 서러웠다. 편집장이 새로 정해지는 과정, 그리고 편집 과정 자체도 쉽지 않았다. '내가 저주에 걸린 걸까?' 답답했다.

돌아보건대, 이는 내게 새롭지 않았다. 학계에서 그리고 일상에서 나는 비슷한 경험을 해왔다. 사람이라면 누구나 한 번쯤 이런 일을 겪지 않을까 싶다. 이를 떠나, 살아가면서 어떤 상황이 갑자기 닥칠 수 있다고 생각한다. 우리의 계획과 통제를 넘어서는 일이 일어나곤 한다. 무언가를 하고 싶어도 환경이 받쳐주지 않으면 할 수 없다. 삶이란 간단치 않다. 삶은 직선이 아니라 곡선이다.

그런데 KAL기 관련해서도 나는 가족들이 비슷한, 하지만 훨씬 심각한 일을 겪는 모습을 봐왔다. 정부와 국가기관의 대답을 듣기까지 기다려야 하는 시간 말이다(따지고 보면, 이는 꼭 KAL기 사건에만 해당되는 이야기가 아니다. 국가 폭력이나 인권침해 피해자들이 사과와 해명을 요구하며 답을 듣기까지 때로 수십 년이 걸리기 때문이다). 물론 기다림과 지연에 대한

KAL기 사건과 내 경험 사이에는 차이가 있다. 그렇더라도 핵심은 어떤 설명 없이 마냥 기다리며 지쳐가는 심정이다.

이런 경험들 때문에 나는 다른 이들을 기다리게 하지 않으려 노력한다. 예컨대 학생들에게 전자우편을 받으면 최대한 빨리 답장한다. 만약 좀 어려운 질문을 받으면, "○○일까지 답장을 드리겠습니다"라고 답한다. '아, 그때 정도 답이 오겠구나'라고 생각할 수 있게 대략적인 날짜나 시간을 알려줘서 진행 일정을 공유한다. 만약 약속을 지키지 못하면 왜 그런지 설명을 해준다. 전자우편이든, 채점이든, 그 무엇이든 나는 늘 그렇게 하려고 노력한다. 내 경험 그리고 KAL기 가족들의 경험에서 배운 점이다. 내 몸에 새겨져 있는 그런 경험 말이다. 이 역시 KAL기와 관련된 내 숙명의 한 조각이라 하겠다.

그래도 고백해야 할 듯싶다. KAL기를 타고 끝까지 날아가고 싶은 마음이 강하지만, 한편으로는 KAL기에서 내리고 싶은 마음도 있다. 이 비행기는 내 주위를 계속 맴돈다. 멀리 날아갔다 다시 돌아오고 내게 상처를 준다. 하지만 운명이라는 신비로운 생각이 나를 살려낸다. 한국/아시아 사람인 나는 '운명'이라는 말을 비교적 거부감 없이 사용할 수 있다. 하지만 모순되게도 나는 이 운명에 관한 생각을 이른바 서구 영화를 보며 떠올렸다. 바로 〈반지의 제왕〉이다. 프로도는 뜻하지 않게 절대 반지와 관련된 임무를 맡게 되고, 이를 끝까지 안고 간다. 그리고 〈컨빅션〉도 빼놓을 수 없다. 실제 인물을 바탕으로 한 베티는 오직 동생의 살인 누명을 벗기겠다는 목표 하나로 법학대학원에 들어가 변호사가 된다.

"프로도와 베티, 정말 고맙습니다."

힘든 순간들을 KAL기 사건과 관련된 운명으로 생각하니 위로가 되면서 힘이 났다. '이건 다 뜻이 있고, 나는 버텨내게 되어 있어.' 나는 운명의 긍정적 힘을 믿기로 했다. 달리 말하면, 나의 어려움과 고통을 맥락화할 수 있는 서사를 만들어내려 노력했다. 그 핵심은 '운명'이라 하겠다. 이 운명 서사는 힘든 순간을 긴 안목에서 해석할 수 있게 해줬다. 몰리 앤드루스(Andrews, 2007: 11)가 말했듯, 특정 상황을 보다 긴 시간적 흐름에서 접근하면 다른 식의 이야기를 구성해 낼 수 있다. 이 역할을 바로 운명이라는 생각이 해준 셈이다. 내가 숨이 막힐 때, 숨 쉴 공간을 만들어줬다. 나의 모든 발걸음이, 모든 우여곡절이 뭔가 뜻이 있다고 깨닫게 해줬다. 그것이 긍정적이든 부정적이든 모든 것은 연결되어 있다. 이들은 나의 일, 나의 글쓰기, 내 삶의 한 부분이 된다.

<h1 style="text-align: center">2<br>1</h1>

다른 비극적 사건들처럼, KAL858기 사건도 처음부터 일어나지 말았어
야 했다. 이 사건은 또 다른 형태의 비극을 불러왔다. 그 가운데 하나는
가족들 사이의 갈등이다. KAL기 사건 자체가 비극이라면, 이는 비극 속
의 비극이라 하겠다. 그리고 뜻하지 않게 나 역시 이 비극에 개입하게 됐
다. 2020년 초에 발견된 동체 추정 물체와 관련해서다. 앞서 말했듯이
두 단체로 갈라진 가족들은 KAL기의 기체를 확인하기 위해 정부와 협의
를 해왔다. 각 단체는 조사단에 참여할 사람을 추천했다. 나는 가족회도
유족회도 아닌 제3자 자격으로 추천되려 했다. 복잡한 이야기다.

　나는 2기 진실화해위원회가 세워지기를 계속 기다려왔다. 1기 위원회
의 경우, 가족들이 신청을 철회해 재조사가 중단됐다. 그래서 나는 위원
회가 다시 생기면 또 다른 재조사가 있지 않을까 예상했다. 그리고 관련
법이 오랜 지연 끝에 통과된 뒤, 나는 잠시 동안 한국에 돌아가기로 했
다. 사건 연구자로서 뭔가 직접적이고 구체적인 일을 하고 싶었다. 더욱

이 KAL기 가족 등이 내게 한국으로 와달라고 하기도 했다.

한국에 도착하기 전 기체 조사단 구성이 이미 끝난 상태라 내가 여기에 참여할 수 있으리라 생각하지 못했다. 하지만 한국에 도착하니 상황이 달라졌다. 조사단과 함께 미얀마에 갈 수 있는 여건이 마련됐다. 내가 알기로 조사단은 2020년 11월에 떠나려 했지만 여의치 않았다. 새로운 계획에 따르면 조사단은 2021년 2월경에 떠날 예정이었다. 그래서 나는 뜻밖에도, 하지만 기꺼이 함께하기로 했다.

그런데 가족들은 2020년 초에 공식적으로 갈라선 뒤 서로 갈등 관계에 있었다. 나는 제3자 자격으로 가기 때문에 양쪽의 동의를 얻는 것이 특히 중요했다. 문제는, 유족회의 경우 내가 가족회 편을 든다고 믿고 있었다. 그래서 직접적으로 거부하지는 않지만, 내가 추천된 것에 불편한 기색이었다. 이 상황을 전해 듣고, 유족회 회장님께 연락해 뵙기로 했다. 우리는 몇 시간 동안 대화를 나눴고 결과는 좋았다. 일이 잘될 듯했다. 그래서 나는 본격적으로 수색에 필요한 준비를 했다. 미얀마어도 배우기 시작했다. 그런데 뭔가 이상했다. 수색 관련해 구체적인 내용을 전달받을 예정이었는데, 아무리 기다려도 연락이 없었다. 알고 보니 유족회에서 나에 대한 입장을 바꿨다고 했다. 나는 갈 수 없게 됐단다. 충격이었다.

사실 나에 대한 거부감이 처음 감지됐을 때, 담당자에게 말했다.

"유족회 뜻에 반하면서까지 그렇게 갈 생각은 없습니다."

나는 이번에도 같은 생각이었다. 내 목적은 수색에 무슨 수를 써서라도 참여하는 것이 아니었다. 물론 재조사 과정에 어떤 형태로든 함께하고 싶었지만, 가족들에게 부담이 되고 싶지는 않았다. 이런 뜻을 담당자에게 전하니, 가능성이 전혀 없지는 않고 공식적인 논의가 있을 것이라고 했다. 나는 기다리기로 했다. 그런데 결과는 좋지 않았다. 결국 나의 참여는 무산된다. 깊이 상처받았고 실망했다. 이 일을 겪으며 나는 가족들 사이의 갈등의 골이 생각보다 훨씬 깊다는 것을 깨달았다. 이 상황은, 내가 아무리 조심스레 말하고 행동하더라도 이미 정해진 갈등 구도에서는 오해가 있을 수밖에 없다고 뜻했다. 내 의도와는 상관없이 말이다.

덧붙이자면, 수색 계획은 2020년 2월 1일 미얀마 군부의 쿠데타로 무기한 연기되고 말았다. 조사단이 떠날 준비를 거의 한 상태였다. 정말 공교롭고 안타까운 상황이었다. 내가 참여하지 못한 것과는 별개로, 갑작스러운 연기 소식에 탄식이 절로 나왔다. 누가 가든지, 잔해 확인을 서둘렀어야 하는데 말이다.

수색 참여가 무산되는 과정에서 나는 혼란스러웠고 무기력했다. 얼마 전까지만 해도 가족들은 하나의 목표를 위해 같이 뛰었다. 내가 직접 지켜봐서 안다. 하지만 그분들은 지금 서로에게 적이 됐다. 여기에서 나는 수색 관련해 누구를 편들 의무가 없고 그러지도 않을 것이다. 추정 물체가 KAL기 잔해로 확인된다면, 그것은 좋은 소식이다. 그렇지 않다면 물론 실망스럽겠지만. 나 또는 조사단의 누구도 거짓말을 할 필요가 없고 그럴 수도 없다. 수색 활동은 모두 기록되고 문서로 남는다. 이는 누구를 편들 것인지의 문제가 아니다. 그런데도 가족들이 보기에 나는 벌써 이상한 사람이 되어 있었다. 나의 활동, 나의 진심이 들어설 자리가 없다. 불신과 갈등 구조가 개인의 노력과 정성을 압도한다. 또 다른 비극 속의 비극이라고 할까.

가족들 사이 갈등에 뜻하지 않게 갇혀버렸지만, 그래도 내가 할 수 있는 일이 있었다. 나는 원래 계획대로 진실화해위원회 조사관에 지원하기로 했다. 조사관의 경우 누군가의 추천을 받지 않아도 된다. 지원 관련해 KAL기 가족들의 동의를 얻을 필요도 없다. 문제는 15년 전 1기 위원회 때부터 조사관으로 지원했는데 계속 떨어졌다는 점이다. 그때 주위 사람들은 나 정도면 충분히 합격하겠다고 격려했다. 그런데 떨어졌다. 이번에도 사람들은 내가 될 수 있을 것이라 했다. 나 역시 이번에는 가능성이 크다고 믿었다. 박사학위가 있고 필요한 경력도 많이 쌓았기 때문이다. 그렇더라도 실제 조사관으로 일한 경험이 없어 걱정됐다. 그동안 1기 진실화해위원회를 비롯해 조사 관련 위원회가 여럿 활동했다. 이 기관들에서 적지 않은 민간인이 조사관으로 일했다. 그리고 조사관 경험이 있는 이들이 2기 위원회에도 지원하리라는 것은 충분히 예상되는 일이었다. 다시 말해, 나는 실제 경험이 있는 전직 조사관들과 경쟁해야 했다.

그렇다면 나는 채용될 가능성이 얼마나 되는가? 이를 고민하다 창의적이면서 좀 위험한 접근법이 떠올랐다. 지원서에 과거 실패의 경험을 적으면 어떨까……. 다음은 지원서 내용 중 일부다.

෨

저는 15년 전, 1기 진실화해위원회 조사관으로 지원했습니다. 결과는 좋지 않았습니다. 그리고 2021년, 저는 다시 지원서를 씁니다. 위원회에서 일하고 싶은 마음, 과거사 정리와 더 나은 미래에 보탬이 되고 싶은 마음, 15년이 지났지만 변치 않았습니다. 이 마음을 담아, 아래와 같이 저에 대해 말씀드립니다.

제가 과거사 및 위원회 활동에 관심을 갖게 된 것은 대학교 때 일이 계기가 됐습니다. 당시 통일부가 주최한 논문 공모전에 참여해 우수상을 받게 됐는데, 시상식을 며칠 앞두고 수정 요구가 들어왔습니다. 저는 학문과 양심의 자유를 근거로 요구를 거부했습니다. 그때 문제가 됐던 부분은, 과거사 중 하나로 일컬어지는 사건과 관련 있습니다. 1980년대 말에 일어난 사건으로 정부 수사 결과가 발표됐음에도 여러 가지 문제가 계속 제기되던 상황이었습니다. 저는 이러한 사회적 논란을 고려해 재조사가 필요하다고 제안했는데, 통일부는 대법원 확정판결로 끝난 사건이라며 저의 입상을 취소했습니다. 저는 혼란에 빠졌고, 상처도 받았습니다. 하지만 이를 계기로 과거사 활동에 함께하게 됐습니다.

1기 진실화해위원회는 2005년 관련법이 통과되어 출범했습니다. 저는 전문적인 활동가는 아니었지만, 연구자로서 인권 활동가 및 국가 폭력 피해자분들과 법 통과를 위해 노력했습니다. 위원회가 출범할 즈음 저는 과거사와 관련된 석사논문을 쓰게 됐습니다. 박사과정 공부를 위해 유학을 준비하고 있던 저에게, 주위 분들이 조사관으로 지원하면 어떻겠냐고 하셨습니다. 고민 끝에 계획을 바꿔 위원회에 지원했지만 조사관이 되지는 못했습니다. 저는 크게 실망했습니다. 하지만 '비공식적'으로나마 조사관이 되기로 했습니다. 그리하여 독립적인 임시 조사관으로 과거사 사건을 연구해 박사가 됐습니다. 그 뒤에도 과거사 문제에 계속 관심을 두었고, 나름대로 활동을 이어갔습니다. 그리고 오늘, 다시 위원회에 지원합니다.

저는 위 박사논문을 쓴 뒤, 과거사 관련 연구와 강의를 계속해 왔습니다. 공식 분야는 '한국학(정치/역사)'이라 할 수 있습니다. 유럽의 한 대학교에 소속되어 있고, 2018년에는 '한국전쟁기 민간인 학살 유해 발굴 공동 조사단'에서 잠깐 활동했습니다. 이전에는 유럽의 다른 대학교들에서 한국학 교수로 있었습니다.

……

업무 관련된 저의 가장 큰 장점은 사명감이라 하겠습니다. 15년 전 조사관이 되지 못했고, 저는 크게 실망했습니다. 하지만 지금, 저는 다시 조사관으로 지원합니다. 사명감 없이는 어려운 일입니다.

자료 분석을 잘하는 편입니다. 저는 석사와 박사논문을 쓴 연구자입니다. 박사학위를 받은 뒤에도 유럽의 여러 대학교에서 연구해 왔습니다. 이를 바탕으로 책/논문/글도 꾸준히 써왔습니다. 이 모든 것이 자료 분석 능력이 있어 가능했습니다.

저는 성실합니다. 주위 분들도 인정하는 부분입니다. 늘 노력합니다. 쉽게 포기하지 않습니다. 끝까지, 최선을, 다합니다. 진실화해위원회 조사관, 저는 최선을 다할 준비가 되어 있습니다. 고맙습니다.

৪৩

나는 서류 전형에 합격했고, 면접시험을 앞두었다. 면접을 준비하며 예상 질문을 만들었다. 그 가운데 하나는 조사 경험이 없다는 내용이다. 그 질문이 나왔다. 연구자인 나는 조사와 연구 사이에는 비슷한 점이 있다고 말했다. 예컨대 정보와 증거 모으기, 자료 분석, 면담, 보고서 쓰기 등이다. 실제로 몇몇 국제관계 학자들은 연구자를 탐정으로 부르기도 했다(Keohane, 1988; Der Derian, 2009 등). 이 답변을 포함해, 적어도 내 생각에는 면접을 비교적 잘 치렀다.

나는 안도했다. 면접시험을 잘 본 듯했다. 그렇지만 내가 좋은 느낌을 가질 수 있었던 가장 큰 이유는, 돼지꿈을 꿨기 때문이다. 보통 돼지꿈은 앞으로 좋은 일이 있을 징조로 해석된다. 이제까지 살면서 돼지꿈을 꾼 적이 거의 없었다. 하지만 면접 날 아침, 이 꿈을 꾸며 일어났다. 그래서 결과가 좋으리라 확신했다. 나는 연구자-조사관이 될 준비가 되어 있었다. 그렇다면 돼지꿈은 효과가 있었을까? 그 효과는 충격적이었다. 탈락이었다. 최종 합격자 명단에 내 이름이 없었다. '혹시 꿈이 아닐까?' 아니었다. 시험에 떨어졌다. 순간 몸에서 힘이 빠졌다.

'뭐를 어떻게 해야 하지?' 나는 조사관에 지원하기 위해 한국으로 돌아왔을 때 옳은 결정을 했다고 확신했다. 연구자로서 학계를 넘어 현실에 직접 기여하고 싶었다. KAL기 가족들의 한을 조금이라도 풀어드리고 싶었다. 솔직히 나로서는 유럽에 남는 것이 더 편했다. 그곳에서도 글쓰기 등을 통해 뭔가를 계속할 수 있었으리라. 감염병 사태 속에 한국으로 돌아오는 일은 참으로 고달팠다. 스트레스가 이만저만 아니었다. 무엇을 하든 예전보다 시간이 더 걸렸고, 짐 보내기, 자가 격리 2주, 관련 비용 등 머리 아픈 일이 넘쳐났다. 이를 떠나 한국은 참 불편한 점이 있었다. 유럽에서는 전혀 걱정하지 않았던, 미세먼지. 한국에서는 감염병뿐만 아니라 미세먼지 때문에라도 마스크를 써야 했다. 미세먼지가 심한 날이면 밖에 나가는 것 자체가 위험했다. 핀란드는 세계에서 공기가 가장 깨끗한 곳으로 알려져 있는데, 그래서인지 한국 생활에 적응이 되지 않았다. 특히 나는 걷기를 좋아하는데 미세먼지 때문에 많이 답답했다.

이런 문제들 때문에 한국으로 돌아가면 생활하기 아주 불편하리라 예상했다. 그런데도 한국으로 가는 것이 옳다고 믿었고, 그래서 왔다. 그런데 나는 이 결정이 정말 옳았는지 의심하기 시작했다. 엄살이 아니다. 수색 참여는 KAL기 가족들의 갈등으로 무산됐다. 그리고 조사관 지원도 잘 안 됐다. 마치 모든 문이 닫힌 느낌이었다.

스스로에게 물었다. 어디서부터 잘못된 걸까? 연구자로서 지나친 욕심을 부린 걸까? 유럽에 남아 있어야 했나? KAL기 사건에 왜 이리 매달리나? 내가 너무 헌신하는 걸까? 아니면 집착하는 걸까? 집념과 집착의 차이는 뭘까? 그 경계는 어디에 있을까?

2주 정도 심각한 회의감에 정신이 없었다. 한국에 왔을 때 감염병 사태로 2주 동안 자가 격리를 했다. 그리고 지금, 또 다른 자가 격리를 하는 기분이었다. 정말 외롭고 답답했다.

이 격리가 끝날 무렵, 진실화해위원회는 조사관 추가 모집을 공고했다. 나는 너무나 지친 상태였고 신경 쓰지 않으려 했다. 하지만 조금 뒤, 나는 거의 무의식적으로 공고문을 읽고 있었다. 놀랍게도 ……, 힘이 났다. 복잡한 심정이었다. '아 …… 또 지원할까?' 며칠 뒤, 나는 지원서를 쓰고 있었다. 그리고 서류 전형에 합격했다. 또 다시 면접 날이 다가왔다. 돼지꿈도 꾸지 않고 해낼 수 있을까? 돼지꿈을 꿨는데도 지난번에 떨어지지 않은가. 아니나 다를까, 또 떨어졌다. 마음의 준비를 해서 그랬는지 충격이 크지 않았다.

얼마가 지났을까. 또 다른 채용 공고가 났다. 사실 나는 그 공고가 또 있으리라고 예상했다. 다만, 앞에서처럼 마음을 정리했기에 그냥 지나치려 했다. '그래도 …… 한번 읽어나 보자.' 그리고 느꼈다, 내 심장이 다시 뛴다는 것을. 이상했다. 이미 마음을 정리했는데 ……. '아, 어떻게 하면 좋을까?' 고민 끝에 나는 지원하기로 했다. 서류 전형 합격. 면접도 이전보다 더 잘됐다는 느낌이었다. 이번에는, 그래 이번에는 꼭 될 듯했다. 종교는 없지만 간절히 기도했다. 아마도 내 기도가 부족했던 탓이었을까. 나는 또 떨어졌다. 그래, 또 다시 …….

연달아 세 번이나 떨어지며 나는 깊은 절망감을 느꼈다. 나는 충분히 했다고 스스로를 위로했다. 하지만 마음속 깊이 알고 있었다, 내 영혼이 사그라지는 것을. 1기 위원회 때의 악몽이 되살아났다. 그리고 생각했다. '꼭 조사관이 되는 것만이 유일한 길은 아니야. 위원회 밖에서도 할 수 있는 일이 있을 거야.' 가능할 듯했다. 실제로 위원회 규정에 따르면 KAL858기 사건 전문가 자격으로, (외부인으로서) 조사에 참여할 수 있었다. 공청회나 비공개 청문회 등에 증인으로 나갈 수도 있다. 적어도 원칙적으로는 그랬다.

'그래, 그럼 유럽으로 돌아가자. 혹시 조사에 전문가로 참여 요청이 오면 그때 다시 한국에 오자.' 솔직히 한국에 남고 싶은 마음도 있었지만, 실종자 가족들의 갈등에 더 휘말리는 결과만 낳게 될까 걱정됐다. 그래서 잠정적으로 결심했다. (내일 당장은 아니겠지만) 다시 유럽에 가는 것으로 …….

사실 위원회에 들어가지 않는 것이 더 나을 수도 있었다. 설사 조사관이 된다 하더라도 내가 KAL858기 사건을 맡으리라는 보장은 없었다. 그것은 어디까지나 위원회에서 정하기 나름이었다. 게다가 나는 오히려 사건에서 떨어져 있으라는 말을 들을 수도 있었다. 왜냐하면 어떤 이들은 내가 사건 연구자로서 선입견이 있을 수 있다고 생각할 수도 있다. 실제로 이 문제가 '대통령 직속 의문사진상규명위원회' 시절 제기됐다. 그래서 특정 사건과 관련 있는 조사관은 난관에 부딪혔다. 이를 떠나 1기 위원회처럼 2기 위원회도 구조적으로 여러 한계가 있었다. 또한 내가 조사관이 되면, 공무원 신분으로 예전처럼 자유롭게 글을 쓰거나 말을 하기 어려워지리라.

이 모든 것을 고려했을 때, 위원회 밖에 남는 것이 현명하겠다는 생각이 들었다. 그래서 더는 지원하지 않기로 했다. 그 대신 나는 위원회에 정보공개 청구를 하려 했다. 내가 왜 계속 떨어졌는지 '객관적인' 자료를 통해 확인하고 싶었다. 그래서 지원 및 심사와 관련된 자료들을 요청하려고 했다. 이런 생각으로 혹시나 하여 위원회에 연락을 했다.

"이번에 합격자가 없는 직급이 있는데요, 그 이유가 혹시 면접에서 모두 잘못해서인가요?"

"예."

그 짧고 냉정한 답변을 들은 순간, 내가 아직 포기할 준비가 되어 있지 않다고 느꼈다. 나는 면접에서 특별히 못했다고 인정할 수 없었다. 나는 내가 조사관이 되는 데 심각한 결격 사유가 있다고 인정하기 어려웠다. 그래서 나는 다시 지원하기로 했다. 사실 이미 채용 공고가 나와 있었고, 나는 지원하지 않겠다고 마음먹은 상태였다. 하지만 그 짧은 답변을 듣고 정신을 차린 나는 바로 지원서를 써서 위원회에 보냈다. 이 지원이 끝나고 얼마 뒤 또 다른 채용 공고가 났다. 나는 이것이 마지막이라 여기며 또 지원했다. 공교롭게도 이 두 공고는 최종 합격자 발표가 같은 날 예정되어 있었다. '결과에 상관없이 이제 지원은 없다.' 그래, 이것이 정말 마지막이라고 생각했다. 마음을 굳혔다.

그리고 그날이 왔다. 나는 네 번째 지원 결과부터 확인했다. 탈락이었다. 놀라지 않았다. 이제 다섯 번째, 마지막 지원 결과를 본다. 확인하기 전에 엄청난 공포영화를 볼 때처럼 내 눈을 거의 가렸다. 그러고는 천천히, 아주 천천히, 손가락들 사이로 눈동자를 움직였다 …….

# 참고 자료

노컷TV. 2009.3.11.

뉴스Y. 2014.3.17. "김현희에게 듣는다: 말레이항공 미스테리". 〈신율의 정정당당〉.

박강성주. 2015. 『슬픈 쌍둥이의 눈물: 김현희-KAL858기 사건과 국제관계학』. 한울엠플
러스.

이유진. 2013.4.29. "'국정원 직원이 늘 감시 … 밖에서만 열리는 방에서 지내'". ≪한겨레≫.

조선중앙통신. 2011.12.19. "전체 당원들과 인민군장병들과 인민들에게 고함".

조홍민. 2011.12.24. "김평일 "슬프다" 김현희 "기쁘다" … 김정일과 악연 2인의 소회". ≪경
향신문≫.

진실화해위원회. 2008a. "DA0799647". 〈KAL858기 폭파사건〉.

_____. 2008b. "DA0799649". 〈KAL858기 폭파사건〉.

_____. 2008c. "DA0799644". 〈KAL858기 폭파사건〉.

≪한겨레≫. 2010.9.8. "'천안함 조사' 불신감 확산 … 국민 32%만 "정부 발표 믿는다'".

MBC. 2013.1.15. "마유미의 삶, 김현희의 고백". 〈MBC 특별대담〉.

SBS. 2010.7.24. "김현희 방일 비용만 14억 … 초라한 결과에 비판". 〈모닝와이드〉.

TV조선. 2012.6.18. "김현희 KAL기 폭파범". 〈시사토크 판〉.

YTN. 2015.11.27. "'KAL 폭파' 28년 … 김현희의 눈물". 〈호준석의 뉴스人〉.


Andrews, Molly. 2007. *Shaping History: Narratives of Political Change*. Cambridge:
Cambridge University Press.

Barry, Lynda. 2008. *What It Is*. Montreal: Drawn & Quarterly.

Binet, Laurent. 2013. *HHhH*. London: Vintage.

Coelho, Paulo. 2003. *The Alchemist*. San Francisco: HarperOne.

Der Derian, James. 2009. *Virtuous War: Mapping the Military-Industrial- Media-Enter-tainment Network*, 2nd edn. New York and London: Routledge.

DFAT(Department of Foreign Affairs and Trade). 1988.1.15. "KAL CRASH."

Keohane, Robert O. 1998. "Beyond Dichotomy: Conversations Between International Relations and Feminist Theory." *International Studies Quarterly*, Vol.42, No.1, pp.193~198.

Motta, Sara C. 2018. *Liminal Subjects: Weaving (Our) Liberation*. London: Rowman & Littlefield International.

Park-Kang, Sungju. 2014. *Fictional International Relations: Gender, Pain and Truth*. London: Routledge.

Strausz, Erzsébet. 2018. *Writing the Self and Transforming Knowledge in International Relations*. London: Routledge.

Thies, Cameron G. 2002. "A Pragmatic Guide to Qualitative Historical Analysis in the Study of International Relations." *International Studies Perspective*, Vol.3, No.4, pp.351~372.

U.S. GPO (Government Printing Office). 1989. "The Bombing of Korean Airlines Flight KAL-858: Hearing and Markup." Committee on Foreign Affairs.

Vuong, Ocean. 2017. *Night Sky with Exit Wounds*. London: Jonathan Cape.

## 기타

주덕순. 2009.8.8. 면접.

드라마/영화 〈하르윤빠(Harjunpää)〉.

영화 〈말아톤〉.

영화 〈반지의 제왕〉.

영화 〈컨빅션〉.

## 간접적으로 도움이 된 자료

드라마 〈눈이 부시게〉.

드라마 〈시그널〉.

드라마 〈Broadchurch〉.

드라마 〈Broken〉.

드라마 〈Bron〉.

드라마 〈Forbrydelsen〉.

드라마 〈Kaikki synnit〉.

드라마 〈Noord Zuid〉.


영화 〈1917〉.

영화 〈개를 훔치는 완벽한 방법〉.

영화 〈그래비티〉.

영화 〈김씨표류기〉.

영화 〈다크 워터스〉.

영화 〈라이언 일병 구하기〉.

영화 〈리스타트〉.

영화 〈몽타주〉.

영화 〈미션〉.

영화 〈벌새〉.

영화 〈부러진 화살〉.

영화 〈사랑과 영혼〉.

영화 〈사자〉.

영화 〈쇼생크 탈출〉.

영화 〈암수살인〉.

영화 〈양자물리학〉.

영화 〈에너미 앳 더 게이트〉.

영화 〈우리들의 행복한 시간〉.

영화 〈원티드〉.

영화 〈월터의 상상은 현실이 된다〉.

영화 〈인터스텔라〉.

영화 〈인턴〉.

영화 〈제리 맥과이어〉.

영화 〈캐스트 어웨이〉.

영화 〈탑건〉.

영화 〈터미네이터 2〉.

영화 〈터미네이터 제니시스〉.

영화 〈파이란〉.

영화 〈플라이트〉.

영화 〈허트 로커〉.

영화 〈화성으로 간 사나이〉.

지은이
# 박강성주


작은 것에 감사하며 오늘도 삶의 조각들을 하나하나 쌓아갑니다. 결과가 먼저인 세상,
그래도 과정에 충실하겠습니다. 진심을 몰라주는 세상, 그래도 진심을 다하겠습니다.


네덜란드 레이덴대학교와 영국 센트럴랑카셔대학교 교수를 거쳐 핀란드 뚜르꾸대학교
소속으로 연구를 이어가고 있습니다.


[ 주요 저작 ]

### KAL858기 3부작

『KAL858, 진실에 대한 예의: 김현희 사건과 '분단권력'』(2007)

『슬픈 쌍둥이의 눈물: 김현희 - KAL858기 사건과 국제관계학』(2015)

『하루살이의 고백: 김현희 - KAL858기 사건과 이야기』(2022)

### 그 외 저작

「권력을 부르는 노래를 뒤흔드는 노래」(2008)

『눈 오는 날의 무지개: 김현희 - KAL858기 사건과 비밀문서』(2021) 외 다수

# 하루살이의 고백

김현희-KAL858기 사건과 이야기

ⓒ 박강성주, 2022

지은이 ┃ 박강성주
펴낸이 ┃ 김종수
펴낸곳 ┃ 한울엠플러스(주)

편집책임 ┃ 최진희

초판 1쇄 인쇄 ┃ 2022년 8월 20일
초판 1쇄 발행 ┃ 2022년 8월 30일

주소 ┃ 10881 경기도 파주시 광인사길 153 한울시소빌딩 3층
전화 ┃ 031-955-0655
팩스 ┃ 031-955-0656
홈페이지 ┃ www.hanulmplus.kr
등록 ┃ 제406-2015-000143호

Printed in Korea.
ISBN 978-89-460-8195-6 93910

* 책값은 겉표지에 있습니다.